199 Tests

Französisch 1. – 4. Lernjahr

Grammatik

199 TESTS

Französisch
1. – 4. Lernjahr

Grammatik

Cornelsen
SCRIPTOR

Autorinnen dieses Bandes:
Michelle Beyer, Simone Lück-Hildebrand

Cornelsen online http://www.cornelsen.de

Bibliografische Information: Die Deutsche Bibliothek verzeichnet diese Publikation in der Deutschen Nationalbibliografie; detaillierte bibliografische Daten sind im Internet über http://dnb.ddb.de abrufbar.

Dieser Band folgt den Regeln der deutschen Rechtschreibung, die von August 2006 an gelten.

6.	5.	4.	3.	2.	Die letzten Ziffern bezeichnen
11	10	09	08	07	Zahl und Jahr der Auflage.

Redaktion: Marion Clausen, Göttingen
Herstellung: Uwe Pahnke, Berlin
Umschlaggestaltung: bunt unbunt, Berlin
Gesamtgestaltung: Dagmar & Torsten Lemme, Berlin
Druck und Bindearbeiten: Clausen & Bosse, Leck
Printed in Germany
ISBN-13: 978-3-589-22292-6

Gedruckt auf säurefreiem Papier,
umweltschonend hergestellt aus chlorfrei gebleichten Faserstoffen.

Inhalt 1. Lernjahr

Inhalt 1./2. Lernjahr

Inhalt 2./3./4. Lernjahr

3./4. Lernjahr

Inhalt 3/4. Lernjahr

Hallo, liebe Schülerin, lieber Schüler!

In diesem Buch sind eine Menge Grammatikübungen zu allen wichtigen Themen des Französischunterrichts der ersten vier Lernjahre zusammengestellt. Sie wurden von erfahrenen Französischlehrerinnen erarbeitet und erprobt. Zur schnellen Orientierung sind auf jeder Seite das Lernjahr (1, 2 oder 3/4) und das Grammatikthema (z.B. Nomen, Verben usw.) unten in der Ecke angegeben. Jede Seite liefert eine Übungseinheit, die in einem Rutsch bearbeitet werden sollte.

Eine Auflistung aller Übungen findest du im Inhaltsverzeichnis. Dort kannst du die Themenbereiche aussuchen, die du gerade üben oder überprüfen willst.

Oft kannst du direkt auf die Seiten schreiben; manchmal brauchst du auch gesondertes Papier. Die Lösungen findest du auf dem Kopf in der Farbfläche unten auf der Seite. Vergleiche deine Ergebnisse genau. Wenn du Fehler gemacht hast, korrigiere deine Eintragungen. Wenn du merkst, dass du etwas noch nicht verstanden hast, schaue in deinem Schulbuch nach oder frage deine Eltern, Geschwister, Freunde oder deinen Französischlehrer.

Und nun viel Erfolg!

1 le, la, l', les oder un, une, des?
(bestimmter oder unbestimmter Artikel)

Setze den passenden Artikel ein und achte auf die Rechtschreibung im Plural.

1 Voilà ______ ________ . C'est ______ ________ d'Yves. — vélo *m*

2 Voilà _____ __________ et ______ ____________ . — baladeur *m*

Ce sont _____ __________ et ______ ____________ de Magali. — cassette *f*

3 Voilà ______ _________ et ______ ______________________ . — verre *m*, bouteille *f*

4 Voilà _____ ___________ et _____ ___________ de Frédéric. — guitare f, livre *m*

5 Voilà ______ _______________ . — journal *m*

6 C'est _______ ___________ de Magali? — ordinateur *m*

7 Voilà ______ ___________. Qui mange ____ __________? — gâteau *m*

Brigitte, bien sûr!

8 Ce sont _______ _______ de Frédéric. — CD *f*

9 Oh! ______ ___________! Ça, c'est pour moi! — cadeau *m*

1 Voilà *un vélo*. C'est *le vélo* d'Yves.
2 Voilà *un baladeur* et *des cassettes*. Ce sont *le baladeur* et *les cassettes* de Magali.
3 Voilà *un verre* et *une bouteille*.
4 Voilà *la guitare* et *les livres* de Frédéric.
5 Voilà *un journal*.
6 C'est *l'ordinateur* de Magali?
7 Voilà *un gâteau*. Qui mange *le gâteau*?
8 Ce sont *les CD* de Frédéric.
9 Oh! *Un cadeau*!

Das Datum von heute ___________

2 Verschmelzungen
(de und der bestimmte Artikel)

Ergänze in den folgenden Sätzen die passende Form des Artikels.

1 Voilà M. Lebon, le professeur de sport _________ élèves de la 5e.

2 Et là, c'est Brigitte. Elle parle _________ film _________ télé avec son amie Françoise.

3 Là, c'est le bureau _________ directeur, et là, le bureau _________ secrétaire. Elle parle au professeur d'allemand de l'organisation _________ fête _________ élèves et _________ voyage de classe _________ 6e.

4 Tiens, Mlle Dubout arrive ________ piscine avec un groupe d'élèves ________ 4e.

5 Dans sa classe, Mme Michelle, la prof d'allemand, parle _________ Allemagne.

1 *des* élèves de la 5^{e}
2 *du* film *de la* télé
3 *du* directeur; bureau *de la* secrétaire; *de la* fête *des* élèves et *du* voyage de classe *de la* 6^{e}
4 *de la* piscine; *de la* 4^{e}
5 *de* l'Allemagne

Das Datum von heute __________

3 Wer tut was?
(à und der bestimmte Artikel)

Bilde mit diesen Verben und den angegebenen Personen passende Sätze

dire bonjour – expliquer les devoirs – donner une lettre *(Brief)* – téléphoner – offrir – quelque chose à boire – montrer l'ordinateur *(Computer)*	l'élève *(Schüler)* – les parents *(Eltern)* – le grand-père *(Großvater)* – la femme – l'ami

1 Brigitte ______________________________

____

2 Le professeur ______________________________

____

3 Le facteur (Briefträger) ______________________________

____

4 Yves ______________________________

____

5 Magali ______________________________

____

6 Frédéric ______________________________

____

1 Brigitte dit bonjour au grand-père.
2 Le professeur explique les devoirs à l'élève.
3 Le facteur donne une lettre à la secrétaire/femme.
4 Yves téléphone aux parents.
5 Magali offre quelque chose à boire aux amis.
6 Frédéric montre l'ordinateur à la grand-mère.

Das Datum von heute ___________

4 Chez les Lecarpentier
(Eigennamen und Artikel)

Vervollständige die Sätze mit den passenden Präpositionen und Artikeln. Achte auf die Verschmelzungsformen: *du, des, au, aux.*

1 Voici la maison _______ M. et Mme Lecarpentier.

2 Voilà la chambre _______ parents et voilà la chambre _______ enfants.

3 Frédéric parle _______ test d'allemand avec Jérôme.

4 Mme Lecarpentier téléphone _______ docteur pour un rendez-vous.

5 Deux copains _______ Frédéric et _______ sa sœur Clotilde sonnent _______ porte.

6 Clotilde ouvre la porte _______ amis.

7 «Salut, Clotilde! On va _______ cinéma. Tu viens *(kommst)* avec nous?»

8 Frédéric arrive. Il dit bonjour _______ amis.

9 «Ah! C'est vous! C'est sympa! Vous jouez _______ foot avec Jérôme et moi?»

10 «Pas avec moi, dit Jérôme. Je rentre _______ maison.»

11 «Et nous, on va _______ cinéma avec Clotilde. Une autre fois *(ein anderes Mal)*, Frédéric. Salut!»

12 «Et moi, alors? Je reste _______ maison? C'est ça? C'est sympa!»

1 la maison *de* M. et Mme Lecarpentier
2 la chambre *des* parents; la chambre *des* enfants
3 parle *du* test d'allemand
4 téléphone *au* docteur
5 copains *de* Frédéric et *de* sa sœur; *à la* porte
6 la porte *aux* amis
7 On va *au* cinéma.
8 dit bonjour *aux* amis
9 jouez *au* foot
10 rentre *à la* maison
11 va *au* cinéma
12 reste *à la* maison

Das Datum von heute ____________

5 Beim Einkauf
(Mengenangaben)

Rolf, der Brieffreund von Frédéric, macht Einkäufe für Mme Lecarpentier. Er hat sich aufgeschrieben, was er besorgen soll. Zuerst geht er auf den Markt zu Mme Martin, danach zu M. Lacombe, dem Lebensmittelhändler.

	Markt:		**M. Lacombe:**
1	2 kg Äpfel	5	1 Pkt. Butter
2	1 kg Aprikosen (abricot m)	6	1 Pkt. Zucker
3	5 kg Kartoffeln	7	3 Flaschen Limonade
4	500 g Erdbeeren (fraise *f*)	8	1 Flasche Wein (vin *m*)
		9	ein Glas Marmelade
		10	etwas *crème fraîche*

Rolf: Bonjour, Mme Martin, je suis Rolf, le correspondant de Frédo.

Alors, je voudrais ______________________[1] et ______________________[2]. Je prends aussi ______________________[3]. Et donnez-moi ______________________[4].

M. Lacombe: Ah, bonjour Rolf, tu es le corres de Frédo, n'est-ce pas?

Rolf: Oui, c'est ça. Je voudrais ______________________[5] et ______________________[6]. Et quelque chose à boire: ______________________[7] et ______________________[8]. Je prends encore ______________________[9]. Vous avez aussi ______________________[10] ?

M. Lacombe: Non, je regrette, aujourd'hui il n'y a pas de crème fraîche.

1 deux kilos de pommes
2 un kilo d'abricots
3 cinq kilos de pommes de terre
4 500 grammes de fraises
5 un paquet de beurre
6 un paquet de sucre
7 trois bouteilles de limonade
8 une bouteille de vin
9 un pot de confiture
10 un peu de crème fraîche

Das Datum von heute ___________

6 Ergänze!
(Einzahl oder Mehrzahl)

Ergänze die Einzahl oder die Mehrzahl des jeweiligen Nomens. Verwende wie beim vorgegebenen Begriff entweder den bestimmten oder den unbestimmten Artikel.

Einzahl	Mehrzahl
un chat	
	les livres
	des gâteaux
un tapis (Teppich)	
une banane	
une cassette	
	les exercices
la marchande	
	des amies
le plateau	
	des chaises
un cadeau	
	les revues

Einzahl	Mehrzahl
un chat	*des chats*
le livre	les livres
un gâteau	des gâteaux
un tapis	*des tapis*
une banane	*des bananes*
une cassette	*des cassettes*
l'exercice	les exercices
la marchande	*les marchandes*
une amie	des amies
le plateau	*les plateaux*
une chaise	des chaises
un cadeau	*des cadeaux*
la revue	les revues

7 La surprise-partie chez Frédéric

(Artikel, Mengen)

Vervollständige diesen Text. Achte auf die richtigen Artikel, die Mengenangaben und die Verschmelzungsformen *(au, aux, du, des)*.

On sonne. C'est Vincent, _________[1] ami de Frédéric.

Il dit bonjour _________[2] parents de Frédéric et _________[3] amis.

Il apporte _________[4] cassettes de musique.

On sonne encore une fois. C'est Armelle. Elle arrive avec _________[5] sac *(m)*.

Dans _________[6] sac, il y a _________[7] bouteilles _________[8] orangeade et _________[9] coca. Elle a aussi deux paquets _________[10] biscuits. Elle pose _________[11] bouteilles sur _________[12] table _________[13] cuisine.

Frédéric: Tu prends _________[14] verre _________[15] coca avec nous, maman?

Mme Lecarpentier: Non merci, j'ai déjà _________[16] tasse _________[17] thé.

Yves met _________[18] cassette de rock et _________[19] fête commence.

1 *l'ami*
2 *aux parents*
3 *aux amis*
4 *des cassettes*
5 *un sac*
6 *le sac*
7 *des bouteilles*
8 *d'orangeade*
9 *de coca*
10 *de biscuits*
11 *les bouteilles*
12 *la table*
13 *de cuisine – de la cuisine*
14 *un verre*
15 *de coca*
16 *une tasse*
17 *de thé*
18 *une cassette*
19 *la fête*

Das Datum von heute __________

8 Le petit traducteur
(Artikel, Mengen)

Wie würdest du Folgendes auf Französisch sagen?

1 Ich möchte ein Kilo Aprikosen.

Je voudrais un kilo d'abricots.

2 Ich gehe *(je vais)* ins Kino.

______________________________.

3 Ich suche die Adresse von Magali.

______________________________.

4 Ich rede über den Fernsehfilm.

______________________________.

5 Meine Mutter ruft den Arzt (médecin *m*) an.

______________________________.

2 Je vais au cinéma.
3 Je cherche l'adresse de Magali.
4 Je parle du film télévisé.
5 Ma mère téléphone au médecin.

Das Datum von heute __________

9 Alles klar?
(regelmäßige Verben auf -er)

1 Füge die passende Endung an.

j'apport __________ vous apport __________ on apport __________

ils apport __________ tu apport __________ nous apport __________

2 Ergänze das passende Pronomen und/oder die passende Verbform.

écouter	
Singular	Plural
j'	nous
écoutes	
il	écoutent

1 j'apporte, *ils apportent*, vous apportez, tu apportes, on apporte, nous apportons

2 j'*écoute*, *tu* écoutes, il *écoute*, nous *écoutons*, *vous* écoutez, *elles/ils* écoutent

Das Datum von heute __________

10 Après les vacances
(regelmäßige Verben auf -er)

Setze die passende Verbform ein.

jouer (4x) – sonner – écouter – entrer – apporter (2x) – regarder (2x) – adorer *(über alles lieben)*

1 Magali et Brigitte ______________ aux cartes et ______________ une cassette.

2 On ______________ . C'est Yves, un ami. Il ______________ dans la chambre.

3 Yves: Salut, mes belles! Ah, vous ______________ aux cartes!

4 Magali: Oui, tu ______________ avec nous?

5 Yves: Non. J' ______________ les photos des vacances.

6 Brigitte: Bonne idée! On ______________ les photos!

7 Magali: D'accord, et après nous ______________ aux cartes ensemble. Mais, une minute! J' ______________ une bouteille de coca et des gaufres *(Waffeln)*.

8 Yves: Des gaufres! Super! J' ______________ les gaufres!

1 Magali et Brigitte *jouent* ... et *écoutent* ...
2 On *sonne*. Il *entre* ...
3 ... vous *jouez* ...
4 ... tu *joues* ...
5 *J'apporte* ... *Regardez!*
6 On *regarde* ...
7 ... nous *jouons* ... *J'apporte* ...
8 ... *J'adore* ...

Das Datum von heute ___________

11 Un thé?
(ouvrir und offrir)

Trage die passende Verbform von offrir oder ouvrir ein.

1 Tu ______________ un thé à ton ami?

2 M. et Mme Lefour ______________ un bateau à Marc pour son anniversaire.

3 Qu'est-ce que vous ______________ aux parents pour Noël *(für Weihnachten)*?

4 ______________ les livres à la page 56, dit le professeur aux élèves.

5 On sonne. C'est Nathalie. Magali ______________ la porte et elle entre.

6 M. Lefour ______________ des fleurs *(Blumen)* à sa femme.

7 ______________ la fenêtre, s'il te plaît.

1 Tu *offres* …
2 M. et Mme Lefour *offrent* …
3 … vous *offrez* …
4 *Ouvrez* …
5 … Magali *ouvre*
6 M. Lefour *offre* …
7 *Ouvre* …

12 prendre, apprendre oder comprendre (unregelmäßige Verben)

Trage die Formen von *comprendre* und *apprendre* ein.

comprendre

je ______________________________, tu ______________________________

elle ______________________________, nous ______________________________

vous ______________________________, ils ______________________________

apprendre

nous ______________________________, ils ______________________________

on ______________________________, j' ______________________________

tu ______________________________, vous ______________________________

prendre, apprendre oder *comprendre*?
Vervollständige die Sätze mit der passenden Verbform. Hier musst du das Verb aus dem Zusammenhang erschließen.

1 Tu __________ le bus ou le métro?

2 Alain __________ sa leçon de géographie.

3 __________ les verbes irréguliers!

4 Nous allons à Jersey et nous __________ le bateau.

5 __________ les livres à la page 18!

6 J'______________ ma leçon de physique, mais je ne ______________ pas les exercices.

7 «Vous ne ______________ pas parce que *(weil)* vous n'______________ pas assez *(nicht genug)!*»

je comprends
elle comprend
vous comprenez
nous apprenons
on apprend
tu apprends

tu comprends
nous comprenons
ils comprennent
ils apprennent
j'apprends
vous apprenez

1 *Tu prends* …
2 *Alain apprend* …
3 *Apprenez* …
4 … *nous prenons* …
5 *Prenez* …
6 *J'apprends* … *je comprends* …
7 *Vous ne comprenez pas* … *vous n'apprenez pas* …

Das Datum von heute ___________

13 Was passt zusammen?
(Verben und Pronomen)

Verbinde die Pronomen jeweils mit der passenden Verbform.

je	arrive
vous	cherches
ils	téléphone
nous	sonnent
tu	jouons
j'	arrivez
il	apprend

Finde die fünf Fehler und korrigiere sie.

1 je offre ___________

2 tu écoute ___________

3 il apprend ___________

4 ils réparent ___________

5 nous cherchons ___________

6 on ouvres ___________

7 vous comprennez ___________

8 tu prends ___________

9 ranges ___________

10 elles apprennent ___________

je téléphone
vous arrivez
ils sonnent
nous jouons
tu cherches
j'arrive
il apprend

1 j'offre
2 tu écoutes
6 on ouvre
7 vous comprenez
8 Range

Das Datum von heute __________

14 Production guidée
(freie Textproduktion mit Verben)

Ergänze diesen Text, indem du mit den vorgegebenen Wörtern Sätze bildest.
Vergiss nicht, die Verben zu konjugieren.

1 Frédéric joue? — apprendre/sa leçon d'allemand/il

Non, il apprend sa leçon d'allemand.

2 On sonne. — la porte/ils/ouvrir

Ils ____________________

3 Elle écoute des cassettes? — elle/le test/preparer/de mathématiques

Non, ____________________

____

4 Sprechen Sie Deutsch? — français/nous/parler

Non, ____________________

5 Tu joues à l'ordinateur? — ranger/ma chambre/je

Mais non, ____________________

2 Ils ouvrent la porte.
3 Non, elle prépare le test de mathématiques.
4 Non, nous parlons français.
5 Mais non, je range ma chambre!

Das Datum von heute __________

15 Quel désordre! Welche Unordnung!
(Possessivbegleiter im Singular)

Magali cherche ...

1 sa montre *f*

2 _____ serviette *f* de bain

3 _____ cahiers *m*

4 _____ pantalon *m*

5 _____ chaussures *f*

6 _____ sac *m*

7 _____ plan *m* de Paris

8 _____ cassettes *f*

Magali: Maman, je cherche ...

1 ma montre

2 ______________________

3 ______________________

4 ______________________

5 ______________________

6 ______________________

7 ______________________

8 ______________________

Maman: Cherche dans __________ armoire *(Schrank)!*

Magali cherche ...

1 sa montre
2 sa serviette de bain
3 ses cahiers
4 son pantalon
5 ses chaussures
6 son sac
7 son plan de Paris
8 ses cassettes

Maman, je cherche ...

1 ma montre
2 ma serviette de bain
3 mes cahiers
4 mon pantalon
5 mes chaussures
6 mon sac
7 mon plan de Paris
8 mes cassettes

Cherche dans ton armoire

Das Datum von heute __________

16 La dispute – der Streit
(Possessivbegleiter im Singular)

Frédéric und seine kleine Schwester Clotilde (genannt Cloclo) streiten sich öfter, weil Cloclo grundsätzlich die Sachen von Frédo als ihr Eigentum betrachtet. Frédéric ist im Zimmer von Clotilde ...

1 Frédo: Tu me rends *(zurückgeben)* les cassettes?

Cloclo: Pourquoi? Est-ce que ce sont tes cassettes?

Frédo: Oui, ce sont __________ cassettes.

Cloclo: Ah non!! Ce n'est pas vrai *(wahr)!*

2 Frédo: Je prends la guitare!

Cloclo: Pourquoi? Est-ce que c'est __________?

Frédo: Oui, c'est __________

Cloclo: Alors! Non!!

3 Frédo: Où est l'appareil photo?

Cloclo: Pourquoi? Est-ce que c'est __________?

Frédo: Oui, __________

Cloclo: Mais non! Zut alors!

La dispute continue. (Der Streit geht weiter.)
Benutze die vorgegebenen Redemittel und setze den Streit wie oben fort.

Tu rends ...? Je prends ...? Où est ...? Pourquoi ...?

4 Les cartes Frédo: __________

Cloclo: __________

Frédo: __________

5 Le cadeau Frédo: __________

Cloclo: __________

Frédo: __________

1 tes cassettes; mes cassettes
2 ta guitare; ma guitare
3 ton appareil photo; mon appareil photo
4 Frédo: Tu me rends les cartes?
Cloclo: Pourquoi? Est-ce que ce sont tes cartes?
Frédo: Oui, ce sont mes cartes.
5 Frédo: Où est mon cadeau?
Cloclo: Pourquoi? Est-ce que c'est ton cadeau?
Frédo: Oui, c'est mon cadeau.

17 Schule in Deutschland
(Possessivbegleiter im Plural)

Frédéric erzählt Yves, was er bereits von Rolf über die Schule in Deutschland erfahren hat.
Setze die richtige Form ein: *leur* oder *leurs*.

Tu sais, leurs [1] cours durent 45 minutes.

__________ [2] récréation est à neuf heures et demie.

Les élèves allemands sont presque toujours *(fast immer)* dans __________ [3] salle de classe.

__________ [4] directeur donne aussi des cours.

À trois heures et demie, ils font déjà __________ [5] devoirs.

Après, ils jouent avec __________ [6] copains ou ils font les courses pour __________ [7] parents.

__________ [8] sport préféré *(bevorzugt)*, c'est le tennis.

__________ [9] grandes vacances *(große Ferien)* durent six semaines.

2 … *leurs* cours …
3 *Leur* récréation …
4 … *leur* salle de classe.
5 *Leur* directeur …
6 … *leurs* devoirs.
7 … *leurs* copains … *leurs* parents.
8 *Leur* sport préféré, …
9 *Leurs* grandes vacances …

Das Datum von heute ___________

18 Das Interview (Possessivbegleiter in der höflichen Anrede)

Ein Reporter macht ein Interview für die Zeitschrift *Les Hôtels en France*.
Er spricht mit Monsieur und Madame Leblanc.
Ergänze in diesem Interview die Possessivbegleiter.

vos – notre – ~~votre~~ – nos – vos – leur – leurs – ~~nos~~
leur – notre – nos – ~~leurs~~ – leurs

Reporter: Monsieur et Madame Leblanc, combien de chambres a votre [1] hôtel?

M. Leblanc: _________ [2] hôtel a sept chambres, six au premier étage, quatre au deuxième et deux au trosième.

Reporter: Est-ce que _________ [3] chambres sont avec douche?

Mme Leblanc: Eh oui, _________ [4] chambres sont avec douche.

Reporter: Où est-ce que _________ [5] clients *(Kunden, Gäste)* prennent _________ [6] petit déjeuner et leurs [7] repas?

Mme Leblanc: _________ [8] clients prennent _________ [9] petit déjeuner sur la terrasse et ils prennent _________ [10] repas au restaurant.

Reporter: Est-ce que l'hôtel est au centre-ville?

M. Leblanc: Oui, _________ [11] hôtel est au centre-ville et nos [12] clients font _________ [13] courses sans problèmes.

Reporter: Merci pour l'interview, Monsieur et Madame Leblanc!

2 Notre
3 vos
4 nos
5 vos
6 leur
8 Nos
9 leur
10 leurs
11 notre
13 leurs

Das Datum von heute ____________

19 Gesucht und etwas anderes gefunden (Possessivbegleiter)

Geht es dir auch manchmal so? Du suchst etwas Bestimmtes und du findest etwas anderes. In der folgenden Übung musst du dir für die jeweiligen Sätze die Gegenstände aus den beiden Kästen zusammensuchen. Achte dabei auf das Geschlecht und die Zahl des Begriffs.

On cherche ...

1 montre *f* – **6** manteau *m* – **5** plan *m* de ville – **2** cravate *f* – **8** appareil photo *m* – **7** livres *m* – **4** boules *f* – **3** chien *m*

On trouve ...

a) chaussette *f* – **b)** jeans *m* – **d)** porte-monnaie *m* – **h)** cartes *f* postales – **c)** chat *m* – **f)** parapluie *m* – **e)** tickets *m* – **g)** cahiers *m*

Rolf cherche sa montre 1.

Il trouve ____________ a).

Frédéric: Où est ____________ 2? Ah voilà, ____________ b).

Les Dupont cherchent ____________ 3. Ils trouvent ____________ c).

Cloclo: Tu sais, où sont ____________ 4?

Frédo: Non, mais voilà ____________ d).

Mme et M. Leblanc: Où est ____________ 5?

Eh bien, voilà ____________ e).

Le garçon au restaurant: Vous cherchez ____________ 6, Madame?

La dame: Oui, mais voilà ____________ f).

Frédo et Cloclo: Où sont ____________ 7, maman?

La mère: Je ne sais pas. Mais voilà ____________ g).

Les quatre amis cherchent ____________ 8.

Ils trouvent ____________ h).

1 sa montre
2 ma cravate
3 leur chien
4 mes boules
5 notre plan de ville
6 votre manteau
7 nos livres
8 leur appareil photo
a) sa chaussette
b) mes jeans
c) leur chat
d) ton porte-monnaie
e) nos tickets
f) mon parapluie
g) vos cahiers
h) leurs cartes postales

Das Datum von heute __________

20 Devant l'école
(attendre)

Setze die richtige Form von *attendre* ein.

Jacques ____________[1] devant le collège. À côté de Jacques, Monique et Nathalie ____________[2] aussi.

Jacques: Vous ____________[3] qui?

Monique: Nous ____________[4] Marie. Et toi, tu ____________[5] qui?

Jacques: J'____________[6] Émile.

Puis Marc arrive et s'arrête *(bleibt stehen)* devant l'école.

Marc: Salut. Vous ____________[7] qui?

Nathalie: Jacques ____________[8] Émile et nous, nous ____________[9] Marie. Et toi, tu ____________[10] qui?

Marc: Moi, j'____________[11] le bus. Le bus arrive. Marc monte. Jacques, Nathalie et Monique ____________[12] encore *(immer noch)*.

1 Jacques *attend* ...
2 Jacques, Monique et Nathalie *attendent* ...
3 Vous *attendez* ...
4 Nous *attendons* ...
5 tu *attends* ...
6 J'*attends* ...
7 Vous *attendez* ...
8 Jacques *attend* ...
9 ... nous *attendons* ...
10 ... tu *attends* ...
11 ... j'*attends* ...
12 Jacques, Nathalie et Monique *attendent* ...

Das Datum von heute __________

21 Claude
(être und avoir)

Setze *être* oder *avoir* in der richtigen Form ein.
À la M. J. C.*, Brigitte et Magali font la connaissance *(kennen lernen)* de Claude.

Claude: Vous ________[1] d'ici *(von hier)?*

Brigitte: Oui, nous ________________[2] de Paris. Et toi, tu ________[3] d'ici?

Claude: Non, je ________[4] de Strasbourg.

Magali: Ah, Strasbourg! Mes grands-parents ________[5] aussi de Strasbourg! C'________[6] une belle ville.

Claude: Quel ________[7] le nom de tes grands-parents?

Magali: Genêt, comme moi.

Claude: Genêt, non, je ne connais *(kenne)* pas ce nom. Quel âge vous ________[8]?

Magali: Moi, j' ____[9] quinze ans et Brigitte _____[10] quatorze ans. Et toi, tu _____[11] quel âge?

Claude: J' ____[12] seize ans.

*Maison des Jeunes et de la Culture *(Jugendzentrum)*

1 … *vous êtes* …
2 … *nous sommes* …
3 … *tu es* …
4 … *je suis* …
5 … mes grand-parents *sont* …
6 *C'est* …
7 Quel *est* …
8 … vous *avez*?
9 … *j'ai* …
10 … Brigitte *a* …
11 … *tu as* …
12 *J'ai* …

22 Salut, Yves!
(aller)

Ergänze die richtige Form von *aller.*

Brigitte: Salut, Yves!

Yves: Salut vous deux! Comment ça ____________[1]?

Magali: Nous ____________[2] bien, et toi, tu _________[3] bien?

Yves: Non, moi, ça _________[4] mal. Je _________[5] chez le dentiste, alors ...

Brigitte: Oh, mon pauvre *(du Ärmster)!*

Yves: Et vous _________[6] où?

Magali: Nous ____________[7] à la piscine.

Yves: Bonne idée! Après, je _________[8] aussi à la piscine. Alors, à tout à l'heure *(bis gleich)!*

Brigitte: C'est ça! Allez, Magali! On y _________[9]!

1 … ça *va*?
2 Nous *allons* …
3 … tu *vas* …
4 … ça *va* …
5 Je *vais* …
6 … vous *allez* …
7 … nous *allons* …
8 … je *vais* …
9 … On y *va*!

23 Ankreuzen
(Verbformen)

Kreuze an, ob die Verbformen richtig oder falsch sind. Korrigiere die Fehler, wenn es nötig ist.

		r	f	
1	tu entend		×	tu entends
2	je vais			
3	nous sommes			
4	vous allez			
5	ils allent			
6	elles descendent			
7	il descent			
8	vas!			
9	ils répondont			
10	j'as			
11	elle rend			
12	vous êtez			

richtig: **2; 3; 4; 6; 11**
falsch: **5** ils vont
7 il descend
8 va!
9 ils répondent
10 j'ai
12 vous êtes

Das Datum von heute __________

24 Einsetzen
(Verbformen)

Setze die passende Verbform ein.

1	Monique ______________ le bus.	attendre
2	Je ______________ au professeur.	répondre
3	Vous __________________ du bus place Royale.	descendre
4	La marchande ______________ la monnaie.	rendre
5	«Les enfants! Rangez votre chambre. Vous ________________?»	entendre
6	«Qu'est-ce que vous ______________ comme fruits aujourd'hui?»	vendre
7	Magali ____________ 38°.	avoir
8	Les touristes __________________ du bus.	descendre
	Ils ____________ à la tour Eiffel.	aller
9	Aujourd'hui, nous ______________ les livres de maths au prof.	rendre

1 Monique *attend* …
2 Je *réponds* …
3 Vous *descendez* …
4 La marchande *rend* …
5 Vous *entendez* …
6 … vous *vendez* …
7 Magali *a* …
8 Les touristes *descendent* …
Ils *vont* …
9 … nous *rendons* …

Das Datum von heute ___________

25 Passende Verbergänzung
(das direkte und das indirekte Objekt)

Kreuze die passende Verbergänzung an.

Verb	direktes Objekt *qn*	indirektes Objekt *à qn*
téléphoner		×
attendre		
écrire		
penser *(denken)*		
aimer		
inviter		
demander		
raconter		

Rolf ist noch nicht sehr gut in Französisch. Vielleicht kannst du ihm ein bisschen helfen. Korrigiere seine Sätze, wenn nötig. Schreibe die richtige Version darunter.

1 Ma copine a des problèmes en maths. Elle demande une explication *(Erklärung)* son frère. ______________________________

____

2 Magali attend à Brigitte. ______________________________

3 Pour mon anniversaire, j'invite aussi Brigitte. ______________________________

4 Rolf, tu écris tes parents? ______________________________

____

	direktes Objekt *qn*	indirektes Objekt *à qn*
téléphoner		x
attendre	x	
écrire		x
penser		x
aimer	x	
inviter	x	
demander		x
raconter		x

1 Elle demande des explications à son frère.
2 Magali attend Brigitte.
3 richtig
4 Rolf, tu écris à tes parents?

Das Datum von heute __________

26 Richtige Reihenfolge
(Objekte und adverbiale Bestimmungen)

Bringe die Satzelemente in die richtige Reihenfolge.

1 il/la revue/à sa sœur/donne

____

2 offre/la mère/aux filles/un bol de chocolat

____

3 à Magali/raconte/Frédéric/une histoire

____

4 les amis/attendent/ils/devant le cinéma

____

5 des photos/aux grands-parents/montre/il

____

6 prend/après le repas/tout le monde/un café

____

1 Il donne la revue à sa sœur.
2 La mère offre un bol de chocolat aux filles.
3 Frédéric raconte une histoire à Magali.
4 Ils attendent les amis devant le cinéma.
5 Il montre des photos aux grands-parents.
6 Tout le monde prend un café après le repas.
Auch: Après le repas, tout le monde ...

27 Kurs für Ausländer
(Objekte und adverbiale Bestimmungen)

Rolf und Katrin besuchen einen Französischkurs für Ausländer. Dort ist auch Fatima. Ihr Lehrer hat sich ein Sprachspiel ausgedacht: Um den folgenden Text zu vervollständigen, fischt Rolf Karten mit Prädikaten aus einem Kasten. Katrin muss die Karten mit den passenden direkten und indirekten Objekten aus einem zweiten Kasten angeln und Fatima fischt schließlich die noch fehlenden adverbialen Bestimmungen aus einem dritten Kasten.

donnent appporte ouvre met sont ~~vont~~ répare et dansent écoutent ~~sonnent~~	un cadeau aux amis la musique la cassette la porte le paquet à Adeline des jus de fruits et un gâteau le magnétophone	chez les Mouteau dans le salon déjà là dans le lecteur de CD

Adeline fête son anniversaire.

1 Delphine et Alexis sonnent ______________________________.

2 Mme Mouteau ______________________________.

3 Les amis ______________________________.

4 Adeline ______________________________.

«Oh, une cassette de Madonna!» dit Adeline. «Merci beaucoup!»

5 Delphine et Alexis vont ______________________________.

6 Robert et Jean ______________________________.

7 La maman d'Adeline ______________________________.

8 Adeline ______________________________.

Mais le lecteur de CD ne marche pas.

9 Alexis ______________________________.

10 Les amis ______________________ et ______________________.

1 *Delphine et Alexis sonnent chez les Mouteau.*
2 *Mme Mouteau ouvre la porte aux amis.*
3 *Les amis donnent un cadeau à Adeline.*
4 *Adeline ouvre le paquet.*
5 *Delphine et Alexis vont dans le salon.*
6 *Robert et Jean sont déjà là.*
7 *La maman d'Adeline apporte des jus de fruits et un gâteau.*
8 *Adeline met le disque compact dans le lecteur de CD.*
9 *Alexis répare le magnétophone.*
10 *Les amis écoutent la musique et dansent.*

Das Datum von heute __________

28 Le petit traducteur
(Objekte und adverbiale Bestimmungen)

Übersetze diese Sätze.

1 Die Marktfrau zeigt Mme Genêt eine Ananas.

____

____

2 Nach der Schule telefoniert Pierre mit Magali.

____

____

3 Yves gibt Brigitte seinen Walkman.

____

____

4 Ich schreibe Großmutter einen Brief.

____

____

1 La marchande montre un ananas à Mme Genêt.
2 Après l'école, Pierre téléphone à Magali.
3 Yves donne son walkman à Brigitte.
4 J'écris une lettre à grand-mère.

Das Datum von heute __________

29 Passende Fragen
(Entscheidungsfrage mit est-ce que)

Bilde mit *est-ce que* die passende Frage. Hier zunächst ein Beispiel:

Frage: Est-ce que Frédéric écoute une cassette? (une cassette)
Antwort: Non, il regarde la télé.

1 ______________________________? (au marché)

Oui, elle va au marché.

2 ______________________________? (à la bibliothèque)

Non, Brigitte est à la cantine.

3 ______________________________? (un jus d'orange)

Non, je (!) prends un chocolat chaud.

4 ______________________________? (le petit déjeuner)

Oui, Yves prend le petit déjeuner.

5 ______________________________? (un lecteur de CD)

Non, c'est un appareil photo.

6 ______________________________? (à Toulouse)

Oui, ils habitent à Toulouse.

7 ______________________________ (avec Yves)

Non, Magali fait des courses avec Brigitte.

8 ______________________________?

Oui, nous allons à la tour Eiffel.

1 Est-ce qu'elle va au marché?
2 Est-ce que Brigitte est à la bibliothèque?
3 Est-ce que tu prends un jus d'orange?
4 Est-ce qu'Yves prend le petit déjeuner?
5 Est-ce que c'est un lecteur de CD?
6 Est-ce qu' ils habitent à Toulouse?
7 Est-ce que Magali fait des courses avec Yves?
8 Est-ce que vous allez à la tour Eiffel?

Das Datum von heute __________

30 Sätze durcheinander
(Fragen mit Fragewort und est-ce que)

Die folgenden Sätze sind durcheinander geraten. Ordne die Fragen und Antworten richtig zu.

1 Quand est-ce que tu fais du sport?
2 Pourquoi est-ce qu'Yves est au lit?
3 Mais où est-ce que Frédéric va maintenant?
4 Qu'est-ce que vous faites, ce soir?
5 Pourquoi est-ce que tu téléphones à Brigitte?
6 Quand est-ce qu'on joue au tennis?
7 Qu'est-ce que c'est?
8 Où est-ce que Mme Lecarpentier travaille?

a) Mme Lecarpentier travaille au collège.
b) Parce que je ne trouve pas mon livre de maths.
c) On va au cinéma, ce soir.
d) Je fais du sport, le mercredi après-midi.
e) Parce qu'il a la grippe.
f) Maintenant, Frédo va au marché.
g) C'est un ordinateur.
h) On joue au tennis dimanche.

1 d)	2	3	4	5	6	7	8

1 d) 2 e) 3 f) 4 c) 5 b) 6 h) 7 g) 8 a)

31 Mit wem? Für wen?
(Fragen nach Personen)

Vervollständige die folgenden Sätze mit den Fragewörtern *à qui, avec qui, pour qui* und *est-ce que*. Die unterstrichenen Satzteile im Antwortsatz helfen dir, das richtige Fragewort zu finden.

1 À qui est-ce qu' elle ouvre la porte?
Elle ouvre la porte au médecin.

2 ______________________ Christine regarde la télé?
Elle regarde la télé avec Pierre.

3 ______________________ Mme Leconte achète les kiwis?
Elle achète les kiwis pour Christine; elle est malade.

4 ______________________ tu téléphones tous les jours, Magali?
Je téléphone à Brigitte; elle est ma meilleure *(beste)* copine.

5 ______________________ Rolf achète des souvenirs?
Il achète des souvenirs pour ses parents.

6 ______________________ tu vas à la discothèque, Katrin?
J'y vais avec Frédéric.

2 Avec qui est-ce que Christine …
3 Pour qui est-ce que Mme Leconte …
4 À qui est-ce que tu …
5 Pour qui est-ce que Rolf …
6 Avec qui est-ce que tu …

Das Datum von heute __________

32 Qui est Katrin?
(Fragen mit Fragewort *qui*)

Stelle die richtigen Fragen, und benutze dabei nur das Fragewort *qui*.

Questions:	Réponses:
1 Qui est Katrin ?	Katrin est la correspondante de Magali.
2 ______________________ ?	Frédéric aime la musique.
3 ______________________ ?	Yves? C'est l'ami de Frédéric.
4 ______________________ ?	C'est Mme Lecarpentier.
5 ______________________ ?	Le professeur parle à Brigitte.
6 ______________________ ?	Gilles est l'animateur de la M. J. C.
7 ______________________ ?	Ce sont les grands-parents de Magali.

2 Qui aime la musique?
3 Qui est Yves?
4 Qui est-ce?
5 Qui parle à Brigitte?
6 Qui est Gilles?
7 Qui est-ce?

Das Datum von heute ___________

33 Die schwerhörige Tante
(Fragen mit Fragewort und Inversion)

Magali telefoniert mit ihrer Tante Amélie, die ein bisschen schwerhörig ist. Als Magali über ihre Austauschpartnerin Katrin berichtet, muss Tante Amélie immer nachfragen.
Formuliere die Fragen mit den Fragewörtern *qui, que, où, combien.*
Überlege, wann du die *est-ce que*-Formel benutzen musst.

zzzzzzzz habite à Düsseldorf. Qui habite à Düsseldorf?

1 Maintenant Katrin zzzzz une lettre.

____

2 Ses parents sont à zzzzzzzzz

____

3 zzzzzzzz est en Angleterre.

____

4 Mes parents disent zzzzzzzz

____

5 Son père travaille à zzzzzzz

____

6 Rolf et Yves font zzzzzzz

____

7 Ce soir, elle va à zzzzzzz

____

1 Que fait Katrin?
2 Où sont ses parents?
3 Qui est en Angleterre?
4 Que disent tes parents?
5 Où est-ce que son père travaille?
6 Que font Rolf et Yves?
7 Où est-ce qu'elle va ce soir?

Das Datum von heute ___________

34 Un reportage au marché
(verschiedene Frageformen)

Rolf und Katrin machen eine Reportage auf dem Markt von Montmartre. Auf einem Blatt haben sie sich Notizen gemacht, wen sie fragen und welche Fragen sie stellen wollen.

1 un monsieur	
a) acheter, aujourd'hui, que	**b)** payer pour les fraises, combien
c) être bon marché, les aubergines *(Entscheidungsfrage)*	**d)** acheter, l'ananas, pour qui

2 une dame	
a) aimer le marché *(Entscheidungsfrage)*	**c)** prendre pour le repas, que
b) faire les courses, avec qui	**d)** le stand de Mme Martin, où

3 Mme Martin *(Marktfrau)*	
a) être au marché, quand	**b)** vendre des artichauts, aujourd'hui *(Entscheidungsfrage)*
c) coûter, les tomates, combien	**d)** offrir une poire, à qui

1 Bonjour, Monsieur.

a) Qu'est-ce que vous achetez aujourd'hui?

b) ______________________________

c) ______________________________

d) ______________________________

2 Bonjour, Madame.

a)

b)

c)

d)

3 Bonjour, Madame Martin.

a)

b)

c)

d)

1 b) Combien est-ce que vous payez pour les fraises?
c) Est-ce que les aubergines sont bon marché?
d) Pour qui est-ce que vous achetez l'ananas?
2 a) Est-ce que vous aimez le marché?
b) Avec qui est-ce que vous faites les courses?
c) Qu'est-ce que vous prenez pour le repas?
d) Où est le stand de Mme Martin?
3 a) Quand est-ce que vous êtes au marché?
b) Est-ce que vous vendez des artichauts, aujourd'hui?
c) Combien coûtent les tomates?
d) À qui est-ce que vous offrez une poire?

Das Datum von heute ___________

35 Lauter Ablehnungen
(Verneinungsformel ne ... pas)

Qu'est-ce qu'on fait?

1 Katrin: Est-ce qu'on va au Louvre?

Magali: Non, on ne va pas au Louvre, on va au quai *(Ufer)* de la Seine.

2 Yves: Je prends le métro.

Brigitte: Non, ______________________________, je prends le bus.

3 Brigitte: Frédo, est-ce que tu fais les grands magasins *(Kaufhausbummel)* avec moi?

Frédéric: Non, ____

______________________________, je fais une visite à la Villette.

4 Frédéric: J'aime Montmartre.

Magali: Non, ____.

5 Magali et Katrin: Est-ce que nous allons dans un salon de thé?

Frédéric et Rolf: Non, ____

______________________________, nous allons au cinéma.

6 Brigitte et Katrin: Est-ce que l'ascenseur *(Aufzug)* de la tour Eiffel marche?

Yves: Non, ____, nous prenons l'escalier.

7 La mère d'Yves: Est-ce que tu vas au marché pour acheter des fruits?

Yves: Non, ____, je vais au café-tabac pour acheter la revue *Tour de France*.

Die Verneinung

2 Non, je ne prends pas le métro, ...
3 Non, je ne fais pas les grands magasins, ...
4 Non, je n'aime pas Montmartre.
5 Non, nous n'allons pas dans un salon de thé, ...
6 Non, il ne marche pas, ...
7 Non, je vais pas au marché, ...

Das Datum von heute ___________

36 Au bazar de la plage
(Verneinungsadverb pas de)

Wähle jeweils einen der vier Satzanfänge aus.

On n'a pas ...
Il n'y a pas ...
Nous n'avons pas ...
Nous ne vendons pas ...

1 Vous avez des timbres *(Briefmarken)?*

Non, Monsieur, nous n'avons pas de timbres. Vous achetez des timbres à la poste.

2 Je voudrais *(ich hätte gerne)* deux baguettes.

Mais, Monsieur, ____________________

____________________________________, allez à la boulangerie.

3 Où sont les appareils photo?

____________________________________, allez dans un magasin de photo.

4 Je cherche un journal de sport.

____________________________________.

5 Est-ce que vous avez un maillot de bain *(Badeanzug)* pour ma femme?

Mais non, Monsieur, ____________________.

Allez dans une boutique.

6 Est-ce que vous avez des lunettes de soleil *(Sonnenbrille)?*

Je regrette, Monsieur, _______________.

7 Je voudrais une glace.

Non, Monsieur, ____________________.

2 ... nous ne vendons pas de baguettes, ...
3 Il n'y a pas d'appareils photo, ...
4 On n'a pas de journal de sport.
5 ... nous ne vendons pas de maillot de bain.
6 ... il n'y a pas de lunettes de soleil.
7 ... nous n'avons pas de glaces.

Das Datum von heute ___________

37 Aux Galeries Lafayette
(Verneinungsadverb – Ausnahmen)

Magali et Katrin font des courses aux Galeries Lafayette *(große Kaufhauskette in Frankreich)*.

1 Katrin: Est-ce que c'est une cassette?

Magali: Mais non, ____,

c'est un disque compact.

2 Katrin: Regarde, tu aimes les lunettes de Lacoste?

Magali: Non, ____.

3 Katrin: Est-ce que ce sont des cartes postales?

Magali: Mais non, ____

______________________________________, c'est un livre sur Paris.

4 Katrin: Ton père, il aime les parfums?

Magali: Bien sûr que non, ______________________________________

________________________________, mais il aime peut-être les gels douche.

5 Katrin: Ah, voilà des citrons!

Magali: Mais non, Katrin, ______________________________________

______________________, ce sont des fruits confits *(kandierte Früchte)*.

1 … ce n'est pas une cassette, …
2 … je n'aime pas les lunettes de Lacoste.
3 … ce ne sont pas des cartes postales, …
4 … il n'aime pas les parfums, …
5 … ce ne sont pas des citrons, …

Das Datum von heute ___________

38 Après la visite
(weitere Verneinungsformeln)

Après la visite de Montmartre, Magali et Katrin rentrent à la maison.
Setze hier die richtige Verneinungsformel ein.

1 Mme Genêt: Tu manges quelque chose?

Magali: Non, merci, je ne mange rien.

Et toi, Katrin?

Katrin: Merci, ______________________________, moi non plus.

2 Magali: Est-ce que tu as encore des crêpes?

Mme Genêt: Non, ______________________________.

3 Magali: Est-ce que papa est déjà là?

Mme Genêt: Non, ton père ______________________________.

On sonne, Magali ouvre.

4 Mme Genêt: Il y a quelqu'un?

Magali: Non, ______________________________.

5 Magali: On fait encore quelque chose?

Katrin: Non, ______________________________. Je suis trop fatiguée *(zu müde)*.

On sonne encore. C'est M. Genêt. Il ne trouve pas ses clés.

6 Mme Genêt: Tu es toujours en retard *(zu spät)*.

M. Genêt: Mais non, ______________________________ en retard.

1 ... je ne mange rien ...
2 ... je n'ai plus de crêpes.
3 ... ton père n'est pas encore là.
4 ... il n'y a personne.
5 ... on ne fait plus rien.
6 ... je ne suis jamais ...

Das Datum von heute __________

39 Le petit traducteur
(Verneinungen)

Die kleine Schwester von Frédéric, Cloclo, ist mit nichts einverstanden.
Übersetze die Sätze.

1 Sie isst ihren Reis (riz *m*) nicht.

____

2 Sie spielt nicht mehr mit dem Ball.

____

3 Sie sagt: «Ich trinke keinen Tee!»

____

4 «Ich habe keinen Durst.»

____

5 Sie bleibt niemals in ihrem Zimmer.

____

6 Sie schaut sich ihr Buch nicht an. *(regarder)*

____

7 Sie mag keine Kartoffeln.

____

8 Sie mag nichts! *(aimer)*

____

9 Sie hat keinen Hunger.

____

1 Elle ne mange pas son riz.
2 Elle ne joue plus au ballon.
3 Elle dit: «Je ne bois pas de thé.»
4 «Je n'ai pas soif.»
5 Elle ne reste jamais dans sa chambre.
6 Elle ne regarde pas son livre.
7 Elle n'aime pas les pommes de terre.
8 Elle n'aime rien!
9 Elle n'a pas faim.

Das Datum von heute ___________

40 Un peu de science-fiction
(Verneinungen)

Yves größter Wunsch ist es, Astronaut zu werden. Nun träumt er, dass er zum Planeten Mars geflogen ist.
Sur la planète Mars c'est bien différent! (Auf dem Planeten Mars ist alles anders!)

Sur terre:	Sur Mars:
1 On entend quelque chose, par exemple des chansons.	On n'entend rien.
2 On dort la nuit *(in der Nacht)*.	___________
3 Il y a des chats et des chiens *(Hunde)*.	___________
4 Les élèves vont à l'école.	___________
5 On voit beaucoup de monde *(viele Menschen)* dans les rues.	___________
6 Les jeunes écoutent toujours la radio.	___________
7 On danse dans les discothèques.	___________
8 Les enfants de six ans lisent déjà.	___________
9 On a toujours faim.	___________
10 Les jeunes aiment la glace.	___________
11 Il y a des fleurs.	___________

2 On ne dort pas la nuit.
3 Il n'y a pas de chats ni de chiens.
4 Les élèves ne vont pas à l'école.
5 On ne voit personne dans les rues.
6 Les jeunes n'écoutent jamais la radio.
7 On ne danse pas dans les discothèques.
8 Les enfants de six ans ne lisent pas encore.
9 On n'a jamais faim.
10 Les jeunes n'aiment pas la glace.
11 Il n'y a pas de fleurs.

Das Datum von heute ____________

41 Des fruits
(Verben auf -er)

Vervollständige mit der passenden Form von *peser, acheter* oder *se promener.*

1 Nicole ______________________________ des fruits au marché. acheter

2 La marchande ______________________________ les fruits. peser

3 Nous ______________________________ des bananes. acheter

4 Les touristes se ______________________________ sur le marché. se promener

5 «Clotilde, ______________________________ un pain, s'il te plaît!» acheter

6 J' ______________________________ toujours mes légumes au marché. acheter

7 «Madame, vous me ______________________________ cette pastèque *(Wassermelone)*, s'il vous plaît!» peser

1 Nicole *achète* …
2 La marchande *pèse* …
3 Nous *achetons* …
4 Les touristes se *promènent* …
5 Clotilde, *achète* …!
6 J'*achète* …
7 … vous me *pesez* …

Das Datum von heute ___________

42 Einzahl oder Mehrzahl
(Verben auf -er)

Vervollständige die Verbformen. Achte bei Betonung des Stamms auf die Verdoppelung der vorletzten Silbe.

1 Je m'appel ___________________ Michèle Mouteau.

2 Épel ___________________ ton nom, s'il te plaît!

3 Frédéric appel ___________________ son ami Yves.

4 On ne jet ___________________ pas les papiers dans la rue!

5 Comment est-ce que vous vous appel ___________________?

6 Les enfants! Ne jet ___________________ pas vos chewing-gums par terre!

7 Range tes affaires ou bien je jet ______________ tout à la poubelle *(Papierkorb)*.

1 Je m'*appelle* …
2 *Épelle* …!
3 Frédéric *appelle* …
4 On ne *jette* pas …
5 … vous vous *appelez*?
6 … Ne *jetez* pas …
7 … je *jette* …

43 Tabelle
(Verben auf -er)

Vervollständige die folgende Tabelle.

	Einzahl	Mehrzahl	Infinitiv
1	je paie		
2	tu achètes		
3		elles essaient	
4		ils pèsent	
5	je nage		
6	je lance		
7		ils appellent	
8	tu épelles		
9	balaie!		
10		vous jetez	

	Einzahl	Mehrzahl	Infinitiv
1	je paie	*nous payons*	payer
2	tu achètes	*vous achetez*	acheter
3	*elle essaie*	elles essaient	essayer
4	*il pèse*	ils pèsent	peser
5	je nage	*nous nageons*	nager
6	je lance	*nous lançons*	lancer
7	*il appelle*	ils appellent	appeler
8	tu épelles	*vous épelez*	épeler
9	balaie!	*balayez!*	balayer
10	*tu jettes*	vous jetez	jeter

Das Datum von heute __________

44 Tückische Verben
(Verben auf -ir)

Trage die richtige Verbform ein.

1 Qu'est-ce qu'on ____________ aujourd'hui? faire

2 Tu ____________ des maths avec moi? faire

3 Non, je ____________ de la physique. faire

4 Mais, qu'est-ce que tu ____________ là? dire

5 Pardon, que ____________-vous? dire

6 Mais qu'est-ce qu'ils ____________? faire

7 Eh, ____________-donc, Frédéric et Yves! Qu'est-ce dire

que vous ____________ avec un ballon de foot dans la salle de séjour? faire

1 … on *fait* …
2 Tu *fais* …
3 … je *fais* …
4 … tu *dis* …
5 … que *dites*-vous …
6 … *ils font*?
7 … *dites* donc, … vous *faites* …

45 Cherche les erreurs!
(Verben auf -er und -ir)

Hier haben sich falsche Formen eingeschlichen. Kreuze die fehlerhaften Formen an und berichtige sie.

- ☐ **1** tu achetes ____________________
- ☐ **2** il lis ____________________
- ☐ **3** je dis ____________________
- ☐ **4** il appelle ____________________
- ☐ **5** ranges! ____________________
- ☐ **6** nous mangons ____________________
- ☐ **7** elles mangent ____________________
- ☐ **8** nous disons ____________________
- ☐ **9** vous disez ____________________
- ☐ **10** nous faisons ____________________
- ☐ **11** vous faites ____________________
- ☐ **12** ils faitent ____________________
- ☐ **13** il jete ____________________
- ☐ **14** nous jetons ____________________

1 tu achètes
2 il lit
5 range!
6 nous mangeons
9 vous dites
12 ils font
13 il jette

46 Diät mit Wassermelone
(Verben auf -er und -ir)

Vervollständige mit der konjugierten Verbform.

Magali est dans sa chambre. Sa mère l'__________[1] (appeler): «Magali, tu __________[2] (faire) les courses pour moi?»

«D'accord, maman. Qu'est-ce que j'__________[3] (acheter)?»

«Regarde la liste *(Einkaufszettel)*! Ah, et__________[4] (acheter) aussi une pastèque *(Wassermelone)*, une petite!»

Magali arrive au marché. Là voilà au stand de Mme Lemouchel, la marchande de fruits et légumes. «__________[5] (changer) de vie! __________[6] (manger) des fruits!» __________[7] (dire) Mme Lemouchel. «Ah, bonjour, Magali. Qu'est-ce que vous __________[8] (acheter) aujourd'hui?»

«Bonjour, Madame. Vous me __________[9] (peser) une petite pastèque, s'il vous plaît.»

A côté, M. et Mme Letellier __________[10] (faire) de la réclame *(werben)* pour leurs vêtements. «Foire à 10 €! __________[11] (essayer) nos jeans et nos pulls!»

«Pardon, qu'est-ce que vous __________[12] (dire), Magali?»

«Je __________[13] (dire) que j'__________[14] (acheter) une petite pastèque et un kilo d'abricots.» Mme Lemouchel n' a qu' une pastèque. C'est la dernière *(die letzte)*.

Elle la __________[15] (peser). «Ça __________[16] (faire) 5 € avec les abricots.»

Magali __________[17] (payer). Elle rencontre Frédéric et Clotilde.

«Salut, vous deux! Vous __________[18] (faire) les courses, vous aussi? Qu'est-ce que vous __________[19] (acheter) de beau?»

«Une pastèque! Maman __________[20] (faire) un régime et tous les jours nous __________[21] (manger) de la pastèque», dit Yves.

1 Sa mère l'appelle
2 tu *fais*
3 *j'achète*
4 *achète*
5 *Changez*
6 *Mangez*
7 *dit* Mme Lemouchel
8 vous *achetez*
9 Vous me *pesez*
10 M. et Mme Letellier *font*
11 *Essayez*
12 vous *dites*
13 Je *dis*
14 *j'achète*
15 Elle la *pèse*
16 Ça *fait*
17 Magali *paie*
18 Vous *faites*
19 vous *achetez*
20 Maman *fait*
21 nous *mangeons*

47 Un tour sur la tour Eiffel
(direkte Objektpronomen)

Madame Michelle, einige ihrer Deutschschüler und deren Austauschschüler aus Deutschland wollen auf den Eiffelturm. Ersetze das unterstrichene direkte Objekt durch das entsprechende Objektpronomen.

1 Magali: Katrin, tu vois *(siehst)* la tour Eiffel?

Katrin: Oui, je ________ vois.

2 Frédo: On prend les billets pour monter?

Rolf: Bien sûr, on ________ achète à la caisse.

3 Magali: Où est l'ascenseur?

Yves: À gauche, voilà. Tu ________ vois?

En haut *(oben)* de la tour Eiffel.

4 Frédéric: Rolf, tu vois la cathédrale Notre-Dame?

Rolf: Oui, je ________ vois.

Magali et Katrin ont soif. Un vendeur de boissons arrive.

5 Magali: Madame! Nous avons soif! Nous achetons les boissons maintenant?

Mme Michelle: Ah non, ici c'est trop cher! Nous ________ prenons en bas *(unten)*.

6 Magali: Zut, je n'ai plus mon appareil photo! Où est-ce qu'il est?

Frédéric: Mais regarde, Magali! Moi, je ________ ai!

1 … je *la* vois.
2 … on *les* achète …
3 Tu *le* vois?
4 … je *la* vois.
5 … Nous *les* prenons …
7 … je *l'*ai!

Das Datum von heute __________

48 Paris est magnifique
(direkte Objektpronomen)

Vervollständige die Sätze mit den Pronomen *me, te, nous, vous.*

1 Magali aime Rolf.

Magali: Est-ce que Rolf _________ aime aussi?

Brigitte: Mais oui, il _________ aime!

2 Après la visite de la tour Eiffel, Mme Michelle ne voit *(sieht)* plus ses élèves.

Mme Michelle: Où est-ce que vous êtes? Je _________ cherche!

3 Katrin: Paris est magnifique. Je veux rester plus longtemps *(länger)*. Tu _________ comprends?

Magali: Mais oui, je _________ comprends.

4 Magali à Mme Michelle: Vous avez des problèmes, Madame? Un moment, je _________ aide.

5 Yves à Brigitte: Samedi, c'est l'anniversaire de Frédéric. Il _________ invite.

6 Rolf et Katrin à Yves et Brigitte: Ah, vous êtes là. Nous _________ cherchons depuis dix minutes!

8 La professeur aux élèves: Alors, vous _________ écoutez maintenant?

1 … Rolf *m'*aime aussi? … il *t'*aime!
2 … Je *vous* cherche!
3 … Tu *me* comprends? … je *te* comprends.
4 … je *vous* aide.
5 … Il *nous* invite.
6 … Nous *vous* cherchons …
7 … vous *m'*écoutez …

Das Datum von heute ___________

49 Umwandeln
(indirekte Objektpronomen)

Wandle die Sätze um: Ersetze das indirekte Objekt durch ein indirektes Objektpronomen.

1 Magali offre une glace à Rolf.

____

2 La famille Genêt montre le château de Versailles à Rolf et à Katrin.

____

3 Une dame explique le chemin *(Weg)* à Magali.

____

4 Katrin apporte des fleurs aux Genêt.

____

5 Frédéric prête *(leiht)* son appareil photo à Yves.

____

6 Rolf écrit à ses parents.

____

1 Magali *lui* offre une glace.
2 La famille Genêt *leur* montre le château de Versailles.
3 Une dame *lui* explique le chemin.
4 Katrin *leur* apporte des fleurs.
5 Frédéric *lui* prête son appareil photo.
6 Rolf *leur* écrit.

50 leur oder leurs? (indirekte Objektpronomen)

In den folgenden Sätzen haben sich einige Fehler eingeschlichen. Kreuze an, ob die Schreibweise von *leur/leurs* richtig oder falsch ist. Trage gegebenenfalls die richtige Form ein, und kreuze an, ob *leur/leurs* ein Objektpronomen oder ein Possessivbegleiter ist.

		r.	f.	richtige Form	Objekt-pronom	Poss.-begl.
1	Rolf veut aller chez les Genêt. Mais il ne trouve pas leurs rue		×	leur		×
2	Mme Michelle et ses élèves sont dans le centre de Paris. Aujourd'hui, elle leurs montre le Louvre.					
3	Magali et Frédéric n'ont pas leurs appareil photo.					
4	À cinq heures, ils rentrent à la maison. Mme Genêt leurs prépare des crêpes.					
5	Rolf veut téléphoner à ses parents. «Je leur téléphone après 20 heures. C'est moins cher!»					

	r.	f.	richtige Form	Objektpron.	Poss.-begl.
1		x	leur		x
2		x	leur	x	
3		x	leur		x
4		x	leur	x	
5	x			x	

51 Le petit déjeuner
(Objektpronomen)

In den folgenden Sätzen fehlen diese Objektpronomen:

me – 1x   nous – 3x   te – 1x   vous – 3x

1 M. Lecarpentier: Où est le café, chérie?

Mme Lecarpentier: Attends, je _________ donne le café tout de suite.

2 M. Lecarpentier: Qu'est-ce que vous prenez, Frédéric et Clotilde?

Je _________ prépare des œufs comme pour Rolf?

3 Clotilde: Ah, non! Pas le matin! Donne-_________ un bol de chocolat comme d'habitude *(wie üblich)*.

4 Rolf: Mais attendez! Regardez! Je _________ montre comment *(wie)* je prépare les œufs pour le petit déjeuner!

5 Mme Lecarpentier: Frédéric, tu _________ apportes les croissants, s'il te plaît!

6 Frédéric va dans la cuisine mais il ne voit pas les croissants: Oui, mais tu _________ dis où ils sont. Ils ne sont pas sur la table de la cuisine!

7 Mme Lecarpentier: Ah, excuse-moi! Ils sont déjà là! Mais il manque *(es fehlt)* encore le beurre. Tu _________ l'apportes?

8 Frédéric: Oui, je _________ l'apporte tout de suite.

1 … je *te* donne …
2 … je *vous* prépare …
3 … Donne-*nous* …
4 … je *vous* montre …
5 … tu *nous/m'*apportes …
6 … tu *me* dis …
7 … Tu *nous* l'apportes?
8 … je *vous* l'apporte …

Das Datum von heute ___________

52 Direktes oder indirektes Objekt?
(Objektpronomen)

Zunächst sollst du die Satzelemente in die richtige Reihenfolge bringen. Vergiss dabei nicht *me, te, le, la* zu apostrophieren, wenn es nötig ist. Kreuze dann an, ob das Objektpronomen ein direktes oder ein indirektes Objektpronomen ist.

		dir.-Obj.-pron.	indir. Obj.-pron.
1	Madonna,/la/je/aime/!	☒	☐
	Madonna, je l'aime!		
2	écris/tu/une carte/me/?	☐	☐
	___________		
3	leur/Mme Michelle/les curiosités/explique/de Paris	☐	☐
	___________		
4	des crêpes/vous/fais/à cinq heures/je	☐	☐
	___________		
5	tu/aussi/les/invites/?	☐	☐
	___________		
6	après le cinéma/une glace/vous je/offre	☐	☐
	___________		
7	promis! *(versprochen)*/téléphone/te/demain/je	☐	☐
	___________		
8	les enfants,/écrivez/nous/vous/?	☐	☐
	___________		
9	écrivons/oui,/vous/écrivons/nous	☐	☐
	___________		

		dir. Obj.-pron.	indir. Obj.-pron.
1	Madonna, je l'aime.	x	
2	Tu m'écris une carte?		x
3	Mme Michelle leur explique les curiosités de Paris.		x
4	Je vous fais des crêpes à cinq heures.		x
5	Tu les invites aussi?	x	
6	Après le cinéma, je vous offre une glace.		x
7	Promis! Je te téléphone demain.		x
8	Les enfants, vous nous écrivez?		x
9	Oui, nous vous écrivons.		x

Das Datum von heute __________

53 Lauter Fragen
(Objektpronomen im verneinten Satz)

Antworte auf die folgenden Fragen mit der Verneinung. Suche dabei für die jeweils unterstrichene Form das richtige Objektpronomen.

1 Mme Genêt: Tu ne rencontres pas ton ami, Magali?

Magali: Non, je ____ .

2 Yves: Brigitte, est-ce que tu me prêtes *(leihst)* ton baladeur?

Brigitte: Ah, ça non, ____

mon baladeur!

3 Rolf: On offre des fleurs à Mme Michelle?

Yves: Non, ____ ,

on achète des pralines! Elle est gourmande!

4 M. Lecarpentier: Frédéric! Cinq en maths et en histoire! Est-ce que tu écoutes toujours tes professeurs?

Frédéric: Ben, euh, ... non, ____ .

5 Brigitte: Pépère *(Opa)*, tu nous prépares des crêpes?

Le grand-père: Non, pas maintenant, ____

____ , je suis trop fatigué.

6 Brigitte: Est-ce que tu téléphones à tes parents, Yves?

Yves: Non, ____ :

ils ne sont pas à la maison.

1 Non, je ne le rencontre pas.
2 ... je ne te prête pas ...
3 Non, on ne lui achète pas de fleurs ...
4 ... non, je ne les écoute pas.
5 ... je ne vous prépare pas de crêpes, ...
6 Non, je ne leur téléphone pas maintenant: ...

54 Un pique-nique (Objektpronomen)

Unterstreiche in den folgenden Sätzen zunächst das direkte bzw. das indirekte Objekt. Ersetze es dann in der Antwort durch das richtige Objektpronomen. Achte dabei auf die richtige Satzstellung und die richtigen Verbformen.

1 Magali: Est-ce qu'on prend le panier *(Korb)?*

Mme Genêt: Oui, on __________________ .

2 Mme Genêt: Magali, tu achètes six bouteilles de limonade chez l'épicier?

Magali: D'accord, __________________ .

3 Mme Genêt: Et qui donne à manger à Clochard?

Katrin: Moi, je ____________________________ .

4 Magali: Maman, est-ce que tu as les verres?

Mme Genêt: Non, __________________ .

5 Katrin: Magali, tu téléphones à Rolf et Frédéric?

Magali: Eh, non. Je ____________________________ .

Fais-le, Katrin! Tu es en France pour parler français!

6 Katrin: Madame Genêt, vous m'aidez, s'il vous plaît?

Mme Genêt: Mais oui, Katrin, __________________ .

7 M. Genêt: Chérie, on prend le parasol *(Sonnenschirm)?*

Mme Genêt: Mais non, ____________________________ . Il y a des arbres *(Bäume)* dans la forêt *(Wald)!* Le téléphone sonne. C'est Frédéric.

8 Frédéric: Allô! Ici Frédéric et Rolf. Est-ce que vous nous attendez?

Katrin: Pardon, ici Katrin. Parle moins vite Frédo!

9 Frédéric: Ah, Katrin, salut! Tu appelles Magali, s'il te plaît?

Katrin: Oui, je __________________ .

Frédéric: Allô, Magali! Vous nous attendez?

10 Magali: Bien sûr que ____________________________ !

1 … on le prend.
2 … je les achète.
3 … je lui donne à manger.
4 … je ne les ai pas.
5 … je ne leur téléphone pas.
6 … je t'aide.
7 … on ne le prend pas.
9 … je l'appelle.
10 … nous vous attendons!

Das Datum von heute ___________

55 In einem Touristenbüro
(Präpositionen des Ortes)

Die Mutter von Brigitte, Mme Picard, arbeitet in einem Touristenbüro in Paris. In den Sommerferien kommen natürlich auch viele Deutsche in die Stadt.
Mme Picard versteht Deutsch, aber sie spricht es nicht besonders gut. Katrin und Rolf helfen heute ein bisschen beim Übersetzen.
Deine Aufgabe ist es, mit Hilfe der Übersetzungen Mme Picards Antworten zu ergänzen.

1 Eine Familie: Wir suchen einen Campingplatz.

Mme Picard: Le terrain de camping est ______________________ .

Katrin übersetzt: Der Campingplatz ist weit vom Stadtzentrum (le centre-ville) entfernt.

2 Eine Dame: Ich möchte gerne zum Kaufhaus Galeries Lafayette.

Mme Picard: ____ .

Katrin übersetzt: Die Galeries Lafayette sind nahe bei der Oper (l'Opéra).

3 Ein junger Mann: Wo ist der Ostbahnhof (la gare de l'Est)?

Mme Picard: ____ .

Rolf übersetzt: Der Ostbahnhof ist neben dem Nordbahnhof (la gare du Nord).

4 Ein junges Mädchen: Ich habe Fieber, was kann ich tun?

Mme Picard: ____

____ .

Katrin übersetzt: Gehen Sie zum Arzt, seine Praxis befindet sich rechts vom Touristenbüro (l'office du tourisme).

5 Ein Mann: Wo finde ich den Eiffelturm?

Mme Picard: ____

____ .

Rolf übersetzt: Der Eiffelturm *(la tour Eiffel)* ist weit vom Touristenbüro entfernt. Nehmen Sie die U-Bahn.

1 Le terrain de camping est loin du centre-ville.
2 Les Galeries Lafayette sont près de l'Opéra.
3 La gare de l'Est est à côté de la gare du Nord.
4 Allez chez le médecin, son cabinet se trouve à droite de l'office du tourisme.
5 La tour Eiffel est loin de l'office du tourisme. Prenez le métro.

Das Datum von heute __________

56 Dans la serviette
(Stellung der Präpositionen im Satz)

Bilde Sätze mit vorangestellter Ortsbestimmung.

1 des cahiers/la serviette/dans

Dans la serviette, il y a des cahiers.

2 la salle de classe/un tableau/dans

____

3 l'école/une cantine/à

____

4 le fauteuil/un chat/sous

____

5 le terrain de camping/beaucoup de familles/sur

____

____

6 la gare/un cinéma/à côté

____

7 le Louvre/des touristes/devant

____

2 Dans la salle de classe, il y a un tableau.
3 A l'école, il y a une cantine.
4 Sous le fauteuil, il y a un chat.
5 Sur le terrain de camping, il y a beaucoup de familles.
6 A côté de la gare, il y a un cinéma.
7 Devant le Louvre, il y a des touristes

Das Datum von heute __________

57 Ta journée (Präpositionen der Zeit und Adverbien der Zeit)

Setze die richtige Präposition bzw. Zeitbestimmung ein.

pendant la récréation – à 14 heures – puis – ~~avant~~ – ensuite – d'abord – après – à huit heures – à dix heures – enfin

1 Avant les cours, je rencontre mes camarades de classe.

2 ______________________, les cours commencent.

3 Nous lisons des textes, ______________ nous discutons.

4 ________________________, il y a une récréation.

5 ____, on fait des jeux.

6 ________________________, nous sortons de l'école.

7 ______________________, je fais une sieste *(Mittagsschlaf)*.

8 ____________________, mes amis et moi, on joue au ping-pong.

9 __________________, je fais des courses pour ma mère.

10 __________________, je fais mes devoirs.

2 À huit heures, ...
3 Nous lisons ..., après ...
4 À dix heures, ...
5 Pendant la récréation, ...
6 À 14 heures, ...
7 D'abord, ...
8 Ensuite, ...
9 Puis, ...
10 Enfin, ...

Das Datum von heute __________

58 Falsch oder richtig?
(Präpositionen)

Kreuze an, ob die Sätze richtig oder falsch sind. Dann schreibe unten die falschen Sätze richtig auf.

		juste	faux
1	Regarde, la lune est derrière de la maison.		×
2	Le Louvre n'est pas loin de la Seine.		
3	C'est drôle, à la tour Eiffel sont toujours des touristes.		
4	Est-ce que tu es déjà dans le lycée *(Gymnasium)*?		
5	Près du musée, il y a beaucoup de cafés.		
6	Regarde, sur le bateau-mouche *(Seine-Dampfer)* sont Brigitte, Yves et Frédéric!		

Regarde, la lune est derrière la maison.

____

____

____

____

____

____

2 juste
3 faux C'est drôle, à la tour Eiffel, il y a toujours des touristes.
4 faux Est-ce que tu es déjà au lycée?
5 juste
6 faux Regarde, Brigitte, Yves et Frédéric sont sur le bateau-mouche.

59 Le rendez-vous
(Präpositionen der Zeit und des Ortes)

Bringe die Satzelemente in die richtige Reihenfolge und ordne die entsprechende Zeit- oder Ortsbestimmung zu.

a	Rolf commande deux glaces	1	ensuite
b	Magali arrive	2	avant le film
c	ils boivent encore un jus d'orange	3	d'abord
d	Magali a rendez-vous avec Rolf	4	à 20 heures 10
e	Magali prend encore un chocolat	5	enfin
f	Rolf invite Magali	6	pendant le film
g	Rolf attend	7	à 20 heures
h	Magali embrasse Rolf	8	devant le cinéma

1	d	7	4	f	2	7		
2			5			8		
3			6					

Schreibe die Sätze nun auf.

1 ______________________________

2 ______________________________

3 ______________________________

4 ______________________________

5 ______________________________

6 ______________________________

7 ______________________________

8 ______________________________

1 d7 **2** g8 **3** b4 **4** f2
5 a3 **6** c1 **7** e5 **8** h6

1 Magali a rendez-vous avec Rolf à 20 heures.
2 Rolf attend devant le cinéma.
3 Magali arrive à 20 heures 10.
4 Avant le film, Rolf invite Magali.
5 D'abord, Rolf commande deux glaces.
6 Ensuite, ils boivent encore un jus d'orange.
7 Enfin, Magali prend encore un chocolat.
8 Pendant le film, Magali embrasse Rolf.

60 Ergänze richtig!
(Adjektiv und Bezugsform)

1 Setze zu den folgenden Nomen die richtige Adjektivform.

	vert		grand	
un pull	____________	un	____________	chien
une jupe	____________	une	____________	voiture
des pulls	____________	des	____________	chiens
des jupes	____________	des	____________	voitures

	intéressant
un film	____________
une histoire	____________
des films	____________
des histoires	____________

2 Ergänze die richtige Adjektivform.

	jaune	gris	rouge	chic
un pantalon	________	________	________	________
une veste	________	________	________	________
des anoraks	________	________	________	________
des chaussures	________	________	________	________

1

vert	grand	intéressant
verte	grande	intéressante
verts	grands	intéressants
vertes	grandes	intéressantes

2

un pantalon	jaune	gris	rouge	chic
une veste	jaune	grise	rouge	chic
des anoraks	jaunes	gris	rouges	chic
des chaussures	jaunes	grises	rouges	chic

Das Datum von heute ___________

61 L'opéra
(besondere Adjektivformen)

Trage die passende Form von *beau, vieux, nouveau* ein.
Yves, Magali, Rolf und Katrin stehen vor der neuen Oper am Platz der Bastille. Sie diskutieren über die neue und die alte Architektur von Paris. Magali mag alles, was neu und modern ist, und Yves begeistert sich nur für die klassischen Gebäude.

Magali: Regarde le nouvel[1] opéra *(Oper)* de la Bastille *(neu)!* Il est super!

Yves: Super? Ah, non! Le ______________[2] opéra Garnier est vraiment ______________[3] *(alt/schön)*. Cette construction moderne ne va pas avec cette ______________[4] place, cette ______________[5] colonne *(Säule)*, les ______________[6] boulevards et les ______________[7] maisons *(alt, alt, schön, schön)*.

Magali: Mais si! La ______________[8] architecture va très bien avec les ______________[9] maisons *(neu, alt)*. Mais toi, tu penses et tu parles déjà comme un ______________[10] *(alt)!*

2 le *vieil* opéra
3 *beau*
4 cette *vieille* place
5 cette *vieille* colonne
6 les *beaux* boulevards
7 les *belles* maisons
8 la *nouvelle* architecture
9 les *vieilles* maisons
10 un *vieux*

Das Datum von heute __________

62 Le bal masqué
(besondere Adjektivformen)

Gilles veranstaltet einen Maskenball. Natürlich gehen auch unsere Freunde mit den beiden deutschen Austauschschülern Katrin und Rolf dorthin. Aber was ziehen sie an?

Magali: Le bal masqué, c'est une bonne[1] idée,	bon
mais trouver un ________[2] costume, c'est un problème.	beau
Rolf: Moi, je sais déjà. Je prends des sacs en plastique ________[3].	bleu
Yves: Pour moi, c'est ________[4]. Je vais au bal comme	facile
coureur cycliste *(Radrennfahrer)*.	
Je cherche encore une ________[5] casquette ________[6].	beau/blanc
Frédéric à Cloclo: Cloclo, tu es ________[7]?	gentil
Tu me donnes ta ________[8] poupée?	nouveau
Cloclo: Non!! Qu'est-ce que tu veux faire avec ma ________[9] poupée?	joli
Magali cherche dans l'armoire de ses parents:	
Ça y est, je prends le ________[10] anorak	vieux
et le ________[11] pantalon de papa	vieux
et les ________[12] chaussures de	nouveau
maman et les ________[13] lunettes de tante Amélie.	gros
C'est une mascarade complètement ________[14].	fou
Brigitte met une ________[15] chemise ________[16].	long, blanc
Yves: Alors, tu es notre ________[17] ange *m (Engel)*.	cher

2 un *beau* costume
3 des sacs en plastique *bleus*
4 *facile*
5 une *belle* casquette
6 casquette *blanche*
7 *gentille*
8 ta *nouvelle* poupée
9 ma *jolie* poupée
10 le *vieil* anorak
11 le *vieux* pantalon
12 les *nouvelles* chaussures
13 les *grosses* lunettes
14 une mascarade complètement *folle*
15 une *longue* chemise
16 chemise *blanche*
17 notre *cher* ange

63 Das Tagebuch
(Stellung des Adjektivs)

Setze die Adjektive an die richtige Stelle.

	12 juillet
belle	Aujourd'hui ________ promenade ________ en bateau sur
intéressante	la Seine et surtout _____________ discussion _____________
sympathique	(en allemand!) avec un _____________ garçon _____________
beau	de Kiel: Rolf! un _______________ garçon _______________!
	13 juillet
intéressantes	Rendez-vous avec Rolf; ____________ photos _____________
	des monuments de Paris;
petit	________ tour ________ Boulevard Saint Michel: il y a des
bon marché	_________________ vêtements _________________ et super!
	14 juillet
belle	_______ fête _______ à la place de la Bastille ______________
extraordinaire	concert de rock ___________________ avec Renaud!
	15 juillet
très bon	Cinéma La Géode avec Rolf et Yves; ________________ film de
	science-fiction _________________. Bien sûr, Yves n'aime pas ce
moderne	___________ cinéma ___________!

belle promenade
discussion *intéressante*
un garçon *sympathique*
un *beau* garçon
photos *intéressantes*
petit tour
des vêtements *bon marché*
belle fête
concert de rock *extraordinaire*
très bon film
ce cinéma *moderne*

64 Ein Kasten voll
(Adjektive)

Für die folgenden Sätze gibt es einen ganzen Kasten voller Adjektive. Suche das jeweils richtige heraus und passe es dem Nomen an. Aber Achtung, ein Adjektiv passt nicht in die Übung hinein.

cher – cher – joli – vieux – vert – bon – intéressant – gris –
français – bon marché – blanc

1 Voilà une __________ idée.

2 N'achète pas ton pull dans ce magasin. Il est trop __________!

3 «__________ Magali, Merci pour ta lettre ...»

4 Nos amis font des photos des ____________________ rues de Paris.

5 Fripouille est un __________ chat. Il est __________________ .

6 Regarde! Des citrons __________!

7 Est-ce que c'est une voiture ____________________?

8 Les chaussures sont ____________________.

9 Regarde, il neige (es schneit). Les rues sont déjà __________________ .

Welches Adjektiv bleibt übrig? ____________________

1 … une *bonne* idée.
2 … trop *cher*!
3 *Chère* Magali, …
4 … des *vieilles* rues …
5 … un *joli* chat … *gris*.
6 … des citrons *verts*!
7 … une voiture *française*?
8 … *bon marché*.
9 … *blanches*.
intéressant bleibt übrig

65 Der Brief an die Großeltern
(Adjektive)

Gleiche in diesem Brief die Adjektive den Nomen an. Bei den Adjektiven mit einem Ausrufungszeichen musst du außerdem auf die richtige Stellung im Satz achten.

________[1] mami, ________[2] papi,	cher, cher
Me voilà donc avec Katrin et Rolf. Ils sont très ________________[3].	sympathique
Katrin, une _________[4] _________[5], vient de Munich et Rolf,	petit, brun
___________[6] et ___________[7] de Berlin.	grand, blond
Il est bien __________[8], mais on ne peut pas se promener	gentil
(spazieren gehen) avec lui: il pense toujours à manger.	
Il aime bien la ______[9] cuisine ________________[9].	français!
Katrin aime bien les magasins, bien sûr. Tous les jours elle porte	
un _____________[10] pull _____________[10] une	nouveau!
_____________[11] jupe _____________[11] ou un	nouveau!
_____________[12] pantalon _____________[12].	nouveau!
Mais elle parle déjà bien le français. On leur offre un	
_________________[13] programme _________________[13].	intéressant!
Demain, nous faisons une __________[14] promenade	beau!
__________[14] en bateau sur la Seine pour voir les	
__________[15] monuments __________[15].	beau!
Aujourd'hui, nous faisons un concours *(Wettbewerb)* de photos.	
Le thème: les _____________[16] quartiers _____________[16] et	vieux!,
les _____________[17] rues _____________[17] de Paris.	petit!
Je vous fais une __________[18] bise.	gros!

Magali

1 Chère
2 cher
3 sympathiques
4 petite
5 brune
6 grand
7 blond
8 gentil
9 la cuisine française
10 un nouveau pull
11 une nouvelle jupe
12 un nouveau pantalon
13 un programme intéressant
14 une belle promenade
15 les beaux monuments
16 les vieux quartiers
17 les petites rues
18 une grosse bise

Das Datum von heute __________

66 Die Verabredung
(Infinitiv nach Modalverben)

Vervollständige das folgende Gespräch mit den passenden Formen der Modalverben: *pouvoir, savoir, vouloir oder devoir.*

Yves: On va au cinéma. Vous ____________[1] venir avec nous?

Brigitte: On ____________[2] bien, mais aujourd'hui, on ne ____________[3] pas.

Fredo: Et, on ____________[4] vous demander pourquoi vous ne ____________[5] pas?

Magali: Rolf m'attend. Nous avons rendez-vous et je ____________[6] être au Forum des Halles à 15 heures. Il ____________[7] me montrer une boutique de posters.

Yves: Bon. Mais nous ____________[8] peut-être faire un tour ensemble après?

Brigitte: D'accord. Alors, rendez-vous à 17 heures devant le Théâtre de la Ville. Vous ____________[9] où c'est?

Magali: Oui, moi, je ____________[10]. Il y a un bar allemand: «le Bayern».

Fredo: Ça, c'est bien Magali avec ses Allemands!

1 Vous voulez …
2 On veut …
3 … on ne peut pas.
4 … on peut …
5 … vous ne pouvez pas?
6 … je dois être …
7 Il veut me montrer …
8 … nous pouvons …
9 Vous savez …
10 … moi, je sais

Das Datum von heute __________

67 Das Treffen
(Infinitiv nach Modalverben)

Entscheide nun, ob das einzusetzende Verb konjugiert wird oder im Infinitiv steht.

À 17 heures, Yves et Frédéric _________[1] devant	être
le Théâtre de la Ville. Ils __________________[2]	ne pas aimer
_________[3] en retard (zu spät kommen).	être
17 heures 15. Les filles __________________[4].	ne pas arriver
Yves __________________[5] son baladeur.	écouter
Frédéric __________________[6] sa montre.	regarder
Frédéric: «Mais, qu'est-ce qu'elles __________________[7]	pouvoir
bien ___________[8]?	faire
Ces demoiselles _________________________[9]	ne jamais regarder
leurs montres! Elles __________________[10] toujours quand	arriver
elles _________________[11], et nous, nous _________________[12]	vouloir/devoir
toujours les _________________[13].	attendre
Ah, ces filles alors! Elles _________________[14] bien que	savoir
nous ______________________[15]	ne pas vouloir
__________________[16]!»	attendre

1 sont
2 n'aiment pas
3 être
4 n'arrivent pas
5 écoute
6 regarde
7 peuvent
8 faire
9 ne regardent jamais
10 arrivent
11 veulent
12 devons
13 attendre
14 savent
15 ne voulons pas
16 attendre

Das Datum von heute ____________

68 Was sollen sie tun?
(Infinitiv und Objektpronomen)

a) Notiere die Sätze zuerst richtig.

b) Ersetze dann die unterstrichenen Objekte durch ein Objektpronomen.

1 Elle / <u>son</u> / écrire / doit / <u>père</u> / à / <u>mère</u> / et / <u>sa</u>/.

a) ____

b) Elle doit leur ______________________________

2 <u>Rolf</u> / téléphoner / <u>à</u> / Magali / veut /.

a) ____

b) ____

3 pas / <u>panne</u> / Ils / savent / ne / <u>la</u> / réparer /.

a) ____

b) ____

4 Elle / <u>sa</u> / ne / manger / veut / pas / <u>soupe</u> /.

a) ____

b) ____

1 a) Elle doit écrire à sa mère et son père.
b) Elle doit *leur* écrire.
2 a) Magali veut téléphoner à Rolf.
b) Magali veut *lui* téléphoner.
3 a) Ils ne savent pas réparer la panne.
b) Ils ne savent pas *la* réparer.
4 a) Elle ne veut pas manger sa soupe.
b) Elle ne veut pas *la* manger.

Das Datum von heute ___________

69 Falsches berichtigen
(Infinitiv und Objektpronomen)

Sind die folgenden Sätze richtig? Kreuze das entsprechende Kästchen an (c = *correct*, f = *faux*). Berichtige dann die fehlerhaften Sätze.

	c	f
1 a) Frédéric, tu dois ranger ta chambre!	☐	☐
b) Oui, je la veux bien ranger, mais après le film!	☐	☐
2 Magali ne veut pas écrire à sa tante	☐	☐
3 Tu sais répare le vélo?	☐	☐
4 Nous doivons encore attendre les filles!	☐	☐
5 Elle ne peut pas ses verbes parce qu'elle ne les apprend pas.	☐	☐

____

____

____

____

____

1 a) correct
b) faux: Oui, je veux bien la ranger …
2 correct
3 faux: Tu sais réparer le vélo?
4 faux: Nous devons encore attendre les filles!
5 faux: Elle ne sait pas ses verbes …

70 Vorlieben
(Infinitivkonstruktionen)

Qu'est-ce qu'ils aiment bien? Qu'est-ce qu'ils préfèrent encore?
Vervollständige die Sätze mit der richtigen Form von *aimer* oder *préférer* und der passenden Verbergänzung.

1 Tennis spielen / ins Kino gehen
3 Rad fahren *(faire du vélo)* / windsurfen *(faire de la planche à voile)*
4 am Computer spielen *(jouer à l'ordinateur)*
5 auf eine Party gehen *(aller à une surprise-partie)*
6 sich einen Film im Fernsehen anschauen / mit Freunden lachen
7 mit Rolf ausgehen *(sortir)*

1 Moi, j'aime bien faire du tennis, mais je préfère encore aller au cinéma.

2 Et vous, Rolf et Katrin, qu'est-ce que vous __________ faire?

3 Nous ____________________________ vélo, mais nous ______________________ ____ voile.

4 Et toi, Yves, tu __________________________ ordinateur?

5 Oui, mais je ____________________________ surprise-partie.

6 Et toi, Magali, qu'est-ce que tu _______________? ___________________________ à la télé ou ________________________ amis?

7 Bien sûr, j'______________________________ amis, mais je ___________________ encore ____ Rolf.

2 … *vous aimez faire?*
3 Nous *aimons bien faire du* **vélo**, mais nous *préférons faire de la planche à* voile.
4 … *tu aimes jouer à* l'ordinateur?
5 … mais je *préfère aller à une* surprise-partie.
6 … *tu préfères? Regarder un film* à la télé ou *rire avec tes* amis?
7 … *j'aime bien rire avec mes* amis, mais je *préfère* encore *sortir avec* Rolf.

71 Les problèmes de nos amis
(Infinitivkonstruktionen)

Magali, Brigitte, Frédéric et Yves parlent de leurs problèmes: les parents et les sorties!
Setze das passende Verb ein. Bediene dich dabei der vorgegebenen Infinitive. Sie stehen allerdings nicht in der richtigen Reihenfolge.

être	Moi, je voudrais bien ______________[1] le soir, mais mes
ne pas vouloir	parents ______________[2]. Je ______________[3]
sortir	toujours ______________[4] à la maison à 21 heures!
devoir	Pff! 21 heures en vacances!
pouvoir	Moi aussi! Mais ma grand-mère me ______________[5].
comprendre	Avec elle, je ______________[6] ______________[7] à 23 heures
savoir	pendant les vacances, quand elle ______________[8]
rentrer	avec qui je ______________[9]!
sortir	Moi, ça va avec mes parents, mais ils ______________[10]
sortir	toujours ______________[11] avec qui
vouloir	je ______________[12].
savoir	Avec mes parents, j'______________[13] toujours: «Et ta chambre!
entendre	Pourquoi est-ce que tu _______ la ________________ __________[14]?
ne pas ranger	Tu ______________[15] ______________[16] ton
aider	père dans le jardin!»
pouvoir	La barbe!

1 sortir
2 ne veulent pas
3 dois
4 être
5 comprend
6 peux
7 rentrer
8 sait
9 sors
10 veulent
11 savoir
12 sors
13 entends
14 ne la ranges pas
15 peux
16 aider

72 Tous les jours ...
(mit aller und Infinitiv)

Tu connais les infinitifs? Nous allons voir ...
Ergänze den passenden Infinitiv.

Tous les jours ...	Mais demain ...
Tous les jours je prends mon café à sept heures.	Mais demain, je vais ________________[1] mon café au lit à 10 heures.
Je mange des toasts.	Mais demain, je vais ________________[2] des croissants.
J'attends mon bus.	Je vais ________________[3] mes copains.
Je file au collège.	Je vais ________________[4] dans un parc pour faire du footing. Et oui, demain, c'est dimanche!

1 je vais prendre
2 je vais manger
3 je vais attendre
4 je vais filer

Das Datum von heute ____________

73 Was wollen sie tun?
(verneinte Form)

Qu'est-ce qu'ils vont faire?
Regarde bien les dessins et réponds à la question. Attention à la négation!

Il va boire un thé?

Non, il ne va pas boire un thé.

Il ______________________________ (coca)

Tu vas dormir à l'hôtel?

Non, je ______________________________

Je ______________________________ (camping)

Elle va acheter le pull?

Non, ______________________________

______________________________ (jean)

Vous allez jouer au badminton?

____

______________________________ (tennis)

Il va boire un coca.
Non, je ne vais pas dormir à l'hôtel. Je vais faire du camping.
Non, elle ne va pas acheter le pull. Elle va acheter le jean.
Non, nous n'allons pas jouer au badminton. Nous allons jouer au tennis.

Das Datum von heute __________

74 Ergänzen
(futur composé)

Vervollständige die Sätze mit dem passenden Verb im *futur composé*.

ein Taxi anrufen / mit dem Bus fahren / waschen / ins Restaurant gehen / ins Bett gehen / einen Arzt anrufen / ein Buch lesen / einen Orangensaft trinken

1 Ils sont en retard. Qu'est-ce qu'ils vont faire?

Ils vont ____

2 Ma voiture est en panne. Qu'est-ce que je vais bien faire?

Eh bien, tu ____

3 Nos jeans sont sales *(dreckig)*!

Bon alors, vous ____

4 Il n'y a plus rien *(nichts mehr)* à manger à la maison.

Alors, nous ____

5 Je suis très fatigué.

Je ____

6 Elle a 40 de fièvre *(40 Grad Fieber)*.

Elle ____

7 Je ne peux pas dormir.

Je ____

8 Ils ont soif.

Ils ____

1 Ils vont appeler un taxi.
2 Eh bien, tu vas prendre le bus.
3 Bon alors, vous allez les laver.
4 Alors, nous allons aller au restaurant.
5 Je vais aller au lit.
6 Elle va téléphoner au médecin/docteur.
7 Je vais lire un livre.
8 Ils vont boire un jus d'orange.

75 Brigitte cherche ses clés
(indirekte Rede)

Wandle die folgenden Sätze der direkten Rede in die indirekte Rede um.

1 Brigitte dit à son père: «Je cherche mes clés!»

Brigitte dit à son père qu'elle cherche ses clés.

2 Son père lui dit: «Tu ne sais jamais où tu mets tes affaires!»

____

____

3 Magali et Brigitte expliquent: «Nous rencontrons nos amis berlinois à cinq heures.»

Elles expliquent ______________________________________

____

4 Elles ajoutent à Pierre et à Fred: «Vous pouvez venir aussi.»

Elles ajoutent à Pierre et Fred ______________________________

____

2 Son père lui dit qu'elle ne sait jamais où elle met ses affaires.
3 Elles expliquent qu'elles rencontrent leurs amis berlinois à cinq heures.
4 Elles ajoutent à Pierre et à Fred qu'ils peuvent venir aussi.

76 Au cinéma
(indirekte Rede)

Wandle die Sprechblasentexte in indirekte Rede um. Achte dabei besonders auf die Verbformen und auf Possessivbegleiter und Objektpronomen.

Frédo: Nous allons au cinéma La Géode». Nous avons rendez-vous avec nos copains allemands à deux heures.

Yves: Moi, je vais au musée d'Orsay.

Brigitte: C'est une bonne idée, mais je voudrais d'abord manger quelque chose parce que j'ai faim.

Magali: J'ai faim aussi et je voudrais bien manger un petit bout, mais je n'ai pas mon porte-monnaie ...

Yves: C'est toujours comme ça! Vous oubliez vos affaires, vous voulez toujours manger ou regarder les magasins. Nous vous attendons toujours!

1 Frédo et Magali disent qu'ils vont au cinéma «La Géode» ______.
Ils expliquent qu'ils ont rendez-vous ______
______

2 Yves dit ______.

3 Brigitte dit ______
mais elle ajoute qu'elle ______
______.

4 Magali ______
______
______.

5 Yves se fâche *(ärgert sich)* et dit ______
______
______.

1 Ils expliquent qu'ils ont rendez-vous avec leurs copains allemands ...
2 Yves dit qu'il va au musée d'Orsay.
3 Brigitte dit que c'est une bonne idée, mais elle ajoute qu'elle voudrait d'abord manger quelque chose parce qu'elle a faim.
4 Magali ajoute/dit qu'elle a faim aussi et qu'elle voudrait bien manger un petit bout, mais qu'elle n'a pas son porte-monnaie.
5 Yves se fâche et dit que c'est toujours comme ça, qu'elles oublient toujours leurs affaires, qu'elles veulent toujours manger ou regarder les magasins.

77 Party verpasst
(indirekte Frage)

Magali konnte nicht auf die Party von Brigitte gehen. Jetzt will sie genau wissen, was sie verpasst hat.
Vervollständige mit dem passenden Fragewort.

«Tiens, salut Brigitte! Raconte-moi vite ta soirée d'hier. Je voudrais savoir ________ __________[1] est venu du collège et ________________[2] de copains de la M. J. C. sont allés à ta fête. Dis-moi aussi avec ______________[3] tu as dansé, ________________[4] cadeau Yves t'a fait pour ton anniversaire, __________ _______[5] la fête s'est terminée, _____[6] vous êtes allés après et __________ _______[7] personne *(keiner)* n'est venu au collège aujourd'hui en première heure!»

1 qui est venu
2 combien de
3 avec qui
4 quel cadeau
5 à quelle heure
6 où
7 pourquoi

Das Datum von heute ___________

78 Fragen und Antworten
(indirekte Frage)

Ordne die Fragen und Antworten einander zu.

1 Tu passes en sixième?

d) Non, je viens de Berlin.

c) Nous allons à la tour Eiffel.

2 Pourquoi est-ce que tu redoubles?

b) Je ne sais pas!

3 Où sont mes cassettes?

e) Non, je redouble.

4 Tu viens de Bonn?

5 Où est-ce que vous allez?

a) Parce que je suis mauvaise *(schlecht)* en maths.

question	1	2	3	4	5
réponse	e				

question	1	2	3	4	5
réponse	e	a	b	d	c

Das Datum von heute ___________

79 Après les vacances
(passé composé mit avoir)

Unterstreiche im folgenden Text die Formen des *passé composé* und schreibe sie heraus.
Après les vacances, Brigitte retrouve sa copine de classe:

Et alors Brigitte, tes vacances ...?

«Super! Tu sais, j'ai passé quinze jours à

j'ai passé ___________ 1

Berlin, en Allemagne, chez ma ___________

correspondante Fatima. ___________

La famille a été très gentille avec moi. ___________ 2

Nous avons fait beaucoup d'excursions. ___________ 3

J'ai vu par exemple la tour de la télévision ___________ 4

(Fernsehturm). Mais quel monde devant les ___________

caisses, il a fallu attendre une heure pour ___________ 5

pouvoir monter. Nous avons pris le café ___________ 6

dans le restaurant de la tour. Quelle ___________

surprise! Après Fatima a dit: ‹Et ce soir, ___________ 7

nous allons au théâtre.› Alors j'ai mis une ___________ 8

très jolie robe, mais Fatima m'a donné un ___________ 9

jean. J'ai eu un choc! ‹Tu vas regarder la ___________ 10

pièce *Linie 1*, c'est pour les jeunes,› a dit le ___________ 11

frère de Fatima. ___________

Au théâtre, je n'ai pas compris les dialogues, ___________ 12

mais Fatima m'a raconté l'histoire. ___________ 13

Le spectacle a été fantastique.» ___________ 14

2 La famille a été
3 Nous avons fait
4 J'ai vu
5 il a fallu attendre
6 nous avons pris
7 Fatima a dit
8 j'ai mis
9 Fatima m'a donné
10 J'ai eu
11 a dit le frère
12 je n'ai pas compris
13 Fatima m'a raconté
14 Le spectacle a été

Das Datum von heute __________

80 Die Zeitmaschine
(Partizip Perfekt)

Stelle dir für die folgende Übung eine Zeitmaschine vor:

Man schiebt die Infinitive hindurch → und erhält das Partizip Perfekt.

avoir

1 répondre → répondu
2 comprendre ______
3 faire ______
4 envoyer ______
5 voir ______
6 être ______
7 mettre ______
8 lire ______
9 devoir ______
10 ouvrir ______

2 compris
3 fait
4 envoyé
5 vu
6 été
7 mis
8 lu
9 dû
10 ouvert

Das Datum von heute __________

81 Coco, der Papagei
(passé composé)

Coco aime bien parler. Il est même très intelligent et il répète toutes les phrases au passé composé.
Mach es wie er und wiederhole auch alles im *passé composé*.

1 Grand-père fête son anniversaire.

Grand-père a fêté son anniversaire.

2 Nous invitons beaucoup d'amis.

____

3 On fait une grande fête.

____

4 Le soir, nous buvons un verre de champagne.

____

5 Tu peux aller à la discothèque?

____

6 J'ai faim.

____

7 Grand-père et Brigitte voient un match de foot à la télé.

____

8 À quelle heure est-ce que vous prenez le petit déjeuner?

____

9 Magali et Brigitte écrivent des lettres d'amour.

____

10 Frédo danse avec une jolie fille.

____

11 J'attends devant le cinéma.

____

2 Nous avons invité …
3 On a fait …
4 … nous avons bu …
5 Tu as pu aller …
6 J'ai eu …
7 Grand-père et Brigitte ont vu …
8 … vous avez pris …
9 Magali et Brigitte ont écrit …
10 Frédo a dansé …
11 J'ai attendu …

Das Datum von heute __________

82 Cloclo pleure
(passé composé)

Cloclo rentre de l'école maternelle *(Kindergarten)*. Elle pleure. Frédo lui demande:
«Mais qu'est-ce qu'il y a, Cloclo?»
Benutze das *passé composé* und die Verneinung.

1 Les autres enfants ______________________ avec moi. — ne pas jouer

2 Je n'ai pas eu le ballon. — ne pas avoir

3 La maîtresse *(hier: Kindergärtnerin)* ______________________ ______________________! — ne rien dire

4 Je ______________________ parce que les autres enfants ont tout pris. — ne pas manger

5 La maîtresse ______________________ quand les autres ont fait des bêtises *(Dummheiten)*. — ne pas faire attention

6 Je ______________________ . — ne pas écrire

7 Les autres enfants ______________________ leurs affaires. Mais la maîtresse m'a dit: — ne pas ranger

8 «Cloclo, pourquoi tu ______________________ ta place?» — ne pas ranger

1 … n'ont pas joué …
2 Je n'ai pas eu …
3 La maîtresse n'a rien dit!
4 Je n'ai pas mangé …
5 La maîtresse n'a pas fait attention …
6 Je n'ai pas écrit.
7 Les autres enfants n'ont pas rangé …
8 … tu n'as pas rangé …

Das Datum von heute ____________

83 Un week-end mouvementé
(passé composé mit être)

Frédéric schreibt Tagebuch. Das letzte Wochenende war sehr aufregend, deshalb ist er nur dazu gekommen, sich Notizen zu machen. Aber heute schreibt er alles ins Reine. Versetze dich in seine Lage.

1 Vendredi/je/arriver trop tard au collège

2 Clotilde/tomber de l'escalier

3 Maman et papa/monter dans un taxi pour aller chercher tante Louise à la gare

4 Je/rester à la maison pour faire attention à Cloclo

5 Le train de Cherbourg/arriver à 18 heures

6 Un peu plus tard/tante Louise/descendre du train

7 Tous les trois/rentrer en bus/ils

8 Samedi/nous/sortir ensemble

9 Dimanche matin/Brigitte et Magali/venir à la maison/dire bonjour à tante Louise

10 Dimanche soir/tante Louise partir

11 Cloclo/aller aussi à la gare

12 Nous/être tristes/parce que nous aimons bien tante Louise

1 Vendredi, je suis arrivé trop tard au collège.

____

____

____

____

2 Clotilde est tombée de l'escalier.
3 Maman et papa sont montés dans un taxi pour aller chercher tante Louise à la gare.
4 Je suis resté à la maison pour faire attention à Cloclo.
5 Le train de Cherbourg est arrivé à 18 heures.
6 Un peu plus tard, tante Louise est descendue du train.
7 Ils sont tous les trois rentrés en bus.
8 Samedi, nous sommes sortis ensemble.
9 Dimanche matin, Brigitte et Magali sont venues à la maison pour dire bonjour à tante Louise.
10 Dimanche soir, tante Louise est partie.
11 Cloclo est allée aussi à la gare.
12 Nous avons été tristes parce que nous aimons bien tante Louise.

84 Sinnvolle Sätze
(passé composé)

Verbinde die folgenden Satzhälften so, dass sie einen sinnvollen Satz ergeben. Setze dabei jeweils die erste Satzhälfte ins Präsens und die zweite ins *passé composé*.

Frédo est triste parce qu'il a eu des problèmes à l'école et à la maison:

1 redoubler la classe — parce que →	**a)** ne pas faire ses devoirs
2 avoir une discussion terrible avec ses parents	**b)** ne pas travailler
3 être seul dans la chambre	**c)** bavarder avec ses camarades
4 avoir des mauvaises notes	**d)** dire des choses méchantes *(hässlich)* à ses parents

Ce soir,

5 aller un peu mieux	**e)** téléphoner à un ami
6 être content	**f)** voir ses copains au café

1 b) Frédo redouble ______________________________

____

2 ____ Il ______________________________

____

3 ____ ______________________________

____

4 ____ ______________________________

____

5 ____ ______________________________

____

6 ____ ______________________________

____

1 b) Frédo redouble la classe parce qu'il n'a pas travaillé.
2 a) Il a une discussion terrible avec ses parents parce qu'il n'a pas fait ses devoirs.
2 c) … parce qu'il a bavardé avec ses camarades.
3 d) Il est seul dans sa chambre parce qu'il a dit des choses méchantes à ses parents.
4 c) Il a des mauvaises notes parce qu'il a bavardé avec ses camarades.
4 a) … parce qu'il n'a pas fait ses devoirs.
5 e) Il va un peu mieux parce qu'il a téléphoné à un ami.
6 f) Il est content parce qu'il a vu ses copains au café.

Das Datum von heute ___________

85 Corriger
(passé composé)

Voilà ses phrases au passé composé, mais il a fait des fautes. Tu vas les corriger.

1 Elles ont écrivé des lettres d'amour.

____

2 Pendant les vacances, ils sont été sur la Côte d'Azur.

____

3 Nous sommes offrir des cadeaux.

____

4 J'ai voyez un match de tennis à la télé.

____

5 Magali as mis le gâteau au four.

____

6 Est-ce que vous êtes faites une promenade à la mer?

____

1 Elles ont écrit ...
2 ... ils ont été ...
3 Nous avons offert
4 J'ai vu ...
5 Magali a mis ...
6 ... vous avez fait ...

Das Datum von heute __________

86 Les copines inséparables
(Adverb)

Magali et Brigitte – des copines inséparables (unzertrennlich)
Setze in die folgende Übung alle Adverbien sinngemäß richtig ein.

toujours	très (3x)	souvent (2x)	bien
encore (2x)	trop	maintenant	tout de suite
vite	alors (2x)	tout à coup	peut-être

1 Magali et Brigitte sont souvent ensemble.

2 Elles ont __________ quelque chose à se raconter.

3 Pendant les cours, par exemple, le professeur les rappelle à l'ordre *(ermahnt)* __________ .

4 Alors, elles arrêtent *(aufhören)* __________ de parler.

5 Mais cinq minutes après, elles ont __________ quelque chose à se dire.

6 Le professeur: «Magali et Brigitte, écoutez, vous parlez __________ .

7 Je suis très fâché contre vous.

8 __________, je vais téléphoner à vos parents.»

9 Après le cours, Brigitte dit à Magali: «Ecoute, je vais __________ rentrer pour expliquer cette histoire à ma mère.»

10 Magali: «Je pense que ta mère va comprendre. Mais chez moi, c'est difficile. Ma mère est __________ sévère *(streng)*.»

11 Brigitte propose: «__________, attends __________ un peu. Le prof ne téléphone __________ pas aujourd'hui.»

12 À la maison, Magali raconte à sa mère: «Maman, j'ai __________ travaillé. M. Rioux est __________ content de moi.»
La mère: «Moi aussi, je suis contente.»

13 __________, le téléphone sonne ...

2 toujours
3 souvent
4 Alors, tout de suite
5 encore
6 trop
8 Maintenant
9 vite
10 très
11 Alors, encore, peut-être
12 bien, très
13 Tout à coup

Das Datum von heute __________

87 Le petit traducteur
(Stellung des Adverbs)

Achtung, jetzt wird gemischt: Sätze im Präsens und im Perfekt.
Achte auf die Stellung des Adverbs.

1 M. Bonsens hat das Problem schnell verstanden.

____

2 Cloclo ist allein zu Hause; ihre Eltern sind noch im Theater.

____

____

3 Frédo hat viel gearbeitet in diesem Jahr.

____

4 Nun hat er gute Noten.

____

5 Yves hat oft am Computer gespielt *(jouer à l'ordinateur)*.

____

6 Aber er hat nicht oft seine Freunde getroffen.

____

7 Vielleicht werden die Großeltern von Brigitte während der Sommerferien kommen. (Benutze das *futur composé*.)

____

____

1 M. Bonsens a vite compris le problème.
2 Cloclo est seule à la maison; ses parents sont encore au théâtre.
3 Frédo a beaucoup travaillé cette année.
4 Maintenant, il a de bonnes notes.
5 Yves a souvent joué à l'ordinateur.
6 Mais il n'a pas souvent rencontré ses amis.
7 Les grands-parents de Brigitte vont peut-être venir pendant les vacances d'été.

88 Kater Clochard
(indefiniter Begleiter tout)

Clochard était seul à la maison ...
Kater Clochard musste allein zu Hause bleiben. In der Küche hat er alles durcheinander gebracht.
Setze sowohl die verschiedenen Formen von *tout* als auch den richtigen Artikel ein.

Clochard a ouvert toutes les armoires[1], il a grignoté (geknabbert) __________ __________ fruits[2]. Il a mangé __________ fromage[3] et bu __________ lait[4]. Il a renversé *(umgekippt)* __________ tasses[5]. Il a aussi déchiré *(zerrissen)* __________ serviettes de cuisine[6] et __________ __________ journaux[7]. En plus, il a renversé __________ poubelle[8] *(f, Mülleimer)* et il a cassé __________ vaisselle[9] *(f, Geschirr)*. Et puis, __________ __________ famille[10] est rentrée à la maison.

2 tous les fruits
3 tout le fromage
4 tout le lait
5 toutes les tasses
6 toutes les serviettes de cuisine
7 tous les journaux
8 toute la poubelle
9 toute la vaisselle
10 toute la famille

Das Datum von heute ___________

89 Sätze mit tout (indefiniter Begleiter)

Magali a tout expliqué, mais Rolf n'a rien compris.
Magali hat für Rolf Sätze mit *tout* vorbereitet, aber er hat die Lücken nicht füllen können.

1 Après cette boum, je vais dormir ______________________ journée. — den ganzen

2 Yves a parlé ______________________ amis et il a dansé ______________________ temps avec les autres, mais pas avec Katrin. — mit allen seinen / die ganze

3 ______________________ dit une phrase en allemand. — alle haben

4 Je n'ai pas encore __________ vu de Paris, ________________ ________________ curiosités, ______________________ quartiers. — alles / alle seine (2x)

5 Il faut rester ______________________ année. — ein ganzes

6 J'ai déjà fait une photo ______________________ amis français. — von allen meinen

1 toute la journée
2 avec tous ses amis; tout le temps
3 Tous ont dit
4 tout; toutes ses curiosités; tous ses quartiers
5 toute une année
6 de tous mes amis

Das Datum von heute ___________

90 Le petit traducteur
(indefiniter Begleiter tout)

Wie heißen die Sätze auf Französisch? Übersetze.

1 Brigitte und Yves haben alle ihre Freunde eingeladen.

____

2 Alle haben etwas mitgebracht.

____

3 Sie haben alle Flaschen geleert *(vidé)* und alles gegessen: alle Salate, alle Nachspeisen und das ganze Brot.

____

____

____

4 Die ganze Nacht haben sie Musik gehört und getanzt.

____

____

5 Die Eltern haben allen Nachbarn (voisins) erklärt, dass alle beide (alle zwei), Brigitte und Yves, ihren Geburtstag zusammen feiern.

____

____

____

1 Brigitte et Yves ont invité *tous leurs* amis.
2 *Tous* ont apporté quelque chose.
3 Ils ont vidé *toutes les* bouteilles et ils ont *tout* mangé: *toutes les* salades, *tous les* desserts et *tout le* pain.
4 Ils ont écouté de la musique et ils ont dansé toute la nuit.
5 Les parents ont expliqué *à tous les* voisins que Brigitte et Yves fêtent leur anniversaire tous les deux ensemble.

Das Datum von heute __________

91 Un régime (Bildung und Verwendung des Teilungsartikels)

Brigitte fait un régime *(Diät)*.
Voilà son plan pour deux semaines.

Le matin,

Brigitte prend ____________________	pain gris
et ____________________ .	margarine *f*
Elle boit ____________________	café sans sucre
et elle fait ____________________ .	jogging

A midi,

elle mange ____________________	poisson *m* (Fisch)
et ____________________ .	salade
Elle boit ____________________ .	eau minérale
Une heure après, elle fait ____________________ .	natation

Le soir,

Brigitte mange ____________________ ,	yaourt
elle boit ____________________	thé noir
et elle fait ____________________ .	danse

Vers 23 heures,

Brigitte prend ____________________	jus de fruits
et elle fait ____________________ .	yoga *m*

Le matin
du pain gris/de la margarine/du café sans sucre/du jogging
À midi
du poisson/de la salade/de l'eau minérale/de la natation
Le soir
du yaourt/du thé noir/de la danse
Vers 23 heures
du jus de fruit/du yoga

Das Datum von heute __________

92 Au café du marché
(Teilungsartikel und Mengenangaben)

Im Café am Markt hört man viele Gespräche – allerdings etwas unvollständig. Setze die richtigen Artikel, Teilungsartikel, Zahlwörter oder Mengenangaben ein.

1 Eh bien, moi, je préfère faire ________________ jogging.

En ce moment, je fais *un* régime.

2 Bon, après les courses, je peux prendre un verre ____________ blanc *(Weißwein)*.

Ah non, moi, je prends seulement ________________ eau minérale.

3 Vous prenez ____________ glace ou ____________ fromage?

Moi, je prends ____________ fromage.

Je mange ____________ glace à la vanille.

4 Aujourd'hui, il y a ____________ abricots et ____________ artichauts en promotion *(im Angebot)*.

D'accord, on prend deux kilos ____________ abricots et __________ artichauts.

5 Tu fais ____________ musique en ce moment?

Non, j'ai ____________ poste *(Stelle)* à la banque.

6 Regarde, j'ai acheté ________________ valise pour notre voyage.

Et moi, j'ai trouvé beaucoup ________________ choses pour la plage.

7 Tu m'invites ?

Eh bien, je regrette, mais je n'ai pas ____________ argent!

1 du jogging/un régime
2 de blanc/de l'eau minérale
3 de la glace/du fromage/du fromage/une glace à la vanille
4 des abricots; des artichauts/d'abricots; d'artichauts
5 de la musique/un poste
6 une valise/de choses
7 d'argent

Das Datum von heute ____________

93 Tout le monde est à table
(Ausnahmen)

Bilde aus den Notizen vollständige Sätze. Überlege, welche Art von Begleiter du einsetzen musst.

1 prendre encore/unpeu/viande Je ____________________________________.

2 ne pas/aimer/riz Je ____________________________________

3 riz/être bon/santé ______ riz ____________________________________

4 préférer/pommes de terre Je ____________________________________

5 avec/sauce/? ____________________________________

6 écouter/musique/? Est-ce qu'on ____________________________________

7 ne pas/aimer/musique classique/!

Je ____________________________________

8 manger/crêpes/après?

Est ce-qu'on ____________________________________

9 préférer/crêpes/sucre/sans

Je ____________________________________

10 comment/crêpes/faire/?

Comment est-ce ____________________________________

11 avec/farine/beurre/œufs

____

____

12 ne plus/vouloir manger/dessert/avoir mangé/trop/crêpes

Je ____________________________________ parce que

j'ai ____________________________________ crêpes.

Der Teilungsartikel

2

1 Je prends encore un peu de viande.
2 Je n'aime pas le riz.
3 Le riz est bon pour la santé.
4 Je préfère les pommes de terre.
5 Avec de la sauce?
6 Est-ce qu'on écoute de la musique?
7 Je n'aime pas la musique classique.
8 Est-ce qu'on mange des crêpes après?
9 Je préfère les crêpes sans sucre.
10 Comment est-ce qu'on fait les crêpes?
11 Avec du beurre, de la farine et des œufs.
12 Je ne veux plus manger de dessert parce que j'ai mangé trop de crêpes.

Das Datum von heute ___________

94 Chez l'épicier
(Teilungsartikel)

Rolf et Magali font les courses chez l'épicier, M. Bonsens.
Unterstreiche bei den folgenden Sätzen die richtige Form.

1	D'abord, ils achètent	un beurre du beurre le beurre de beurre	et un pot	de la confiture. la confiture. de confiture. une confiture.	
2	Ensuite, ils prennent trois sortes	le fromage de fromage un fromage du fromage	et deux	de baguettes. les baguettes. des baguettes. baguettes.	
3	Magali voudrait aussi	les croissants des croissants croissants de croissants	et	un chocolat. du chocolat. le chocolat. de chocolat.	
4	Rolf: M. Bonsens, est-ce que vous avez	des cigarettes? les cigarettes? cigarettes? de cigarettes?			
5	M. Bonsens: Vous savez très bien que je n'ai jamais	les cigarettes cigarettes de cigarettes des cigarettes	parce que	du tabac le tabac un tabac tabac	n'est pas bon pour la santé!
6	M. Bonsens: Moi, je préfère	du vin rouge, un vin rouge, de vin rouge, le vin rouge,	un verre de	vin rouge de vin rouge du vin rouge à vin rouge	est bon pour la santé.
7	Magali: Ah là là, Tous ces drogués!! Moi, je peux vivre (leben) sans	alcool l'alcool de l'alcool un alcool	et je ne fume pas	des cigarettes. de cigarettes. cigarettes. les cigarettes.	

1 … du beurre et un pot de confiture.
2 … de fromage et deux baguettes.
3 … des croissants et du chocolat.
4 … des cigarettes?
5 … de cigarettes parce que le tabac …
6 … le vin rouge, un verre de vin rouge …
7 … alcool … pas de cigarettes.

Das Datum von heute ___________

95 Welche Form? (Verben auf -ir)

Fülle die folgende Tabelle auf.

Infinitiv	choisir	
je		remplis
tu		
elle/il	choisit	
nous		
vous		
elles/ils		
Perfekt		avoir rempli

Infinitiv	réfléchir	ralentir
je		
tu		ralentis
elle/il		
nous		
vous	réfléchissez	
elles/ils		
Perfekt		avoir ralenti

	choisir	remplir	réfléchir	ralentir
je	choisis		réfléchis	ralentis
tu	choisis	remplis	réfléchis	
elle/il		remplit	réfléchit	ralentit
nous	choisissons	remplissons	réfléchissons	ralentissons
vous	choisissez	remplissez		ralentissez
elles/ils	choisissent	remplissent	réfléchissent	ralentissent
	avoir choisi		avoir réfléchi	

96 Cloclo et les verbes
(Verben auf -ir)

Cloclo ist ja noch klein und macht bei den Verben manchmal noch Fehler. Du kannst ihre Fehler sicher korrigieren.

	verbes conjugués	correct	faux	corrigé
1	je sortis	☐	☒	je sors
2	ils remplissent	☐	☐	______
3	tu fins	☐	☐	______
4	nous dormons	☐	☐	______
5	elle choix	☐	☐	______
6	vous partiez	☐	☐	______
7	nous réfléchons	☐	☐	______
8	elles finirent	☐	☐	______
9	vous ralentissez	☐	☐	______
10	tu dormis	☐	☐	______
11	nous sortissons	☐	☐	______

	correct	faux	corrigé
1		x	je sors
2	x		
3		x	tu finis
4	x		
5		x	elle choisit
6		x	vous partez
7		x	nous réfléchissons
8		x	elles finissent
9	x		
10		x	tu dors
11		x	nous sortons

Das Datum von heute ____________

97 On joue aux dés
(Verbtyp connaître)

Yves, Frédo und Rolf spielen ein Würfelspiel.
Yves würfelt für das Verb *connaître*, Frédo für das Verb *paraître*, Rolf für das Verb *apparaître*.

⚀ = 1
⚁ = 2 } Person Singular
⚂ = 3

⚃ = 1
⚄ = 2 } Person Plural
⚅ = 3

Premier tour:

1 Rolf ⚅ = ______________________

2 Frédo ⚁ = ______________________

3 Yves ⚂ = ______________________

Deuxième tour:

4 Frédo ⚀ = ______________________

5 Yves ⚃ = ______________________

6 Rolf ⚂ = ______________________

Troisième tour:

7 Frédo ⚃ = ______________________

8 Rolf ⚄ = ______________________

9 Yves ⚁ = ______________________

Quatrième tour:

10 Yves ⚀ = ______________________

11 Frédo ⚅ = ______________________

12 Rolf ⚃ = ______________________

Qui a gagné?

1 Rolf = elles/ils apparaissent
2 Frédo = tu parais
3 Yves = elle/il connaît
4 Frédo = je parais
5 Yves = nous connaissons
6 Rolf = elle/il apparaît
7 Frédo = nous paraissons
8 Rolf = vous apparaissez
9 Yves = tu connais
10 Yves = je connais
11 Frédo = elles/ils paraissent
12 Rolf = nous apparaissons
Rolf!!

Das Datum von heute __________

98 On sort ce soir?
(Verben mit Stammerweiterung)

Unsere Freunde wissen nicht so recht, was sie am Freitagabend tun sollen, aber dann haben sie doch eine Idee.
Deine Aufgabe ist es, die folgenden Verben sinngemäß einzusetzen und richtig zu konjugieren.

finir – choisir – dormir (2x) – réfléchir (2x) – sortir (2x) – partir – connaître (2x) – reconnaître *(wiedererkennen)* – apparaître – paraître – ouvrir

Yves: Et qu'est-ce qu'on fait ce soir? On regarde la télé? Il y a le tour de France.
On va connaître[1] le vainqueur *(Sieger)* de la cinquième étape.

Frédo: Ah non, je n'aime pas le tour de France. Les filles, vous ________ ________[2] un peu?

Katrin: Moi, je ________[3] ma lettre et puis je vais au lit, j'ai envie de ________[4].

Brigitte: Alors, on ________[5] ce soir?

Magali: D'accord, mais où? Attendez, je ________[6] un peu. Dans une discothèque, peut-être.

Rolf: Mmh, vous ________[7] une discothèque pas trop chère?

Brigitte: Il ________[8] que la discothèque «Fièvre Jaune» n'est pas mal.
Elle ________[9] déjà à 21 heures.

Yves: Alors, on ________[10] vers 20 heures. Avant, je peux regarder le tour de France.

Magali, Brigitte et Katrin:
Et nous ________[11] ce que nous allons mettre.

Cloclo: Moi, je fais dodo (ich gehe schlafen) et vous, vous ne ________[12] pas?

Frédo: Mais non, Cloclo, pas encore. D'abord, on va ________[13].

2 vous réfléchissez
3 je finis
4 dormir
5 sort
6 réfléchis
7 connaissez
8 il paraît
9 ouvre
10 part
11 choisissons
12 dormez
13 sortir

Das Datum von heute ____________

99 Was heißt es?
(Infinitivkonstruktionen mit de)

Übersetze die folgenden Infinitivkonstruktionen mit *de*.

1 avoir envie de faire qc ____________________

2 avoir besoin de faire qc ____________________

3 avoir peur de faire qc ____________________

4 avoir le temps de faire qc ____________________

5 être content de faire qc ____________________

6 être triste de faire qc ____________________

7 être dangereux de faire qc ____________________

8 essayer de faire qc ____________________

9 proposer de faire qc ____________________

10 rêver de faire qc ____________________

11 oublier de faire qc ____________________

12 décider de faire qc ____________________

13 dire à qn de faire qc ____________________

1 Lust haben, etw. zu tun
2 etw. tun müssen
3 Angst haben, etw. zu tun
4 Zeit haben, etw. zu tun
5 zufrieden sein, etw. zu tun
6 traurig sein, etw. zu tun
7 gefährlich sein, etw. zu tun
8 versuchen, etw. zu tun
9 vorschlagen, etw. zu tun
10 davon träumen, etw. zu tun
11 vergessen, etw. zu tun
12 beschließen, etw. zu tun
13 jemandem sagen, etw. zu tun

Das Datum von heute __________

100 La maladie d'amour (être en train de faire qc/venir de faire qc)

Vervollständige diesen Text mit den passenden Verben. Überlege dir zunächst, welche Verben die Präposition *de* erfordern.

être heureuse ____?	oublier ____?	rêver ____?
ne pas pouvoir ____?	aller ____? (2x)	ne pas avoir le temps ____?
ne pas avoir envie ____?	dire ____?	être triste ____?

Depuis quelques semaines, Magali est bizarre *(seltsam)*.

Elle met une chaussure noire et une autre marron.

Elle ____________________________ [1] faire ses exercices. Elle n'a plus de tête.

Elle ____________________________ [2] se concentrer en cours.

À la maison, ce n'est guère mieux *(ist es kaum besser)*:

Quand sa mère lui __________________ [3] l'aider, elle n'écoute pas. Rien ne l'intéresse: elle ____________________________________ [4] rire avec ses copains, elle ________ ______________________________ [5] sortir avec eux parce qu'elle écrit à Rolf pendant des heures et quand elle n'écrit pas, elle reste à côté du téléphone.

Tous les jours, elle descend la première à la boîte aux lettres: elle ______________ ___________ [6] avoir une lettre de Rolf. Souvent, elle ___________________________ _________________ [7] ne rien trouver pour elle. Mais aujourd'hui, elle plane *(fühlt sich wie im siebten Himmel)*! C'est samedi et Rolf __________________________ [8] lui téléphoner.

Ça y est! Sa mère l'appelle au téléphone! Enfin, elle __________________________ [9] entendre la voix (Stimme) de Rolf! Elle est ______________________________ [10] lui parler! Elle se dépêche, elle court *(rennt)* et patatras *(rums)*, elle tombe sur l'appareil et la communication *(Verbindung)* est coupée!

1 Elle oublie de faire …
2 Elle ne peut pas …
3 … lui dit de …
4 … elle n'a plus envie de rire …
5 … elle n'a pas le temps de sortir …
6 … elle rêve d'avoir …
7 … elle est triste de ne rien trouver …
8 … va lui téléphoner.
9 … elle va entendre …
10 … elle est contente de …

101 Ergänze! (être en train de faire qc/ venir de faire qc)

Que sont-ils en train de faire? Que viennent-ils de faire? Que vont-ils faire? Ergänze die folgenden Sätze, indem du die richtige Zeitangabe *être en train de ...; venir de ...; aller ...* und das passende Verb einsetzt.

se coucher – préparer – pleuvoir – réparer (2x) – écrire – sortir

1 Monique est à son bureau. Elle est en train de préparer un test de maths pour demain. Ne la dérange *(stören)* pas.

2 Nous sommes très fatigués. Nous ______________________________ dans cinq minutes.

3 Non, Frédéric n'est plus là. Il ______________________________ il y a un quart d'heure.

4 Yves et Frédéric sont dans la cour. En ce moment, ils ______________________________ le vélo d'Yves.

5 Ça y est! Tu peux à nouveau écouter des cassettes: je ______________________________ ton baladeur et il marche!

6 Les enfants, aujourd'hui vous ______________________________ une lettre à tante Amélie.

7 Prenez un parapluie. Il ______________ sûrement *(sicher)* ______________________________.

2 Nous allons nous coucher ...
3 Il vient de sortir ...
4 ... ils sont en train de réparer ...
5 ... je viens de réparer ...
6 ... vous allez écrire ...
7 Il va sûrement pleuvoir.

102 Une lettre de Rolf
(Infinitivkonstruktionen mit à)

Endlich ist es so weit! Magali hat einen Brief von Rolf bekommen. Er hat sogar auf Französisch geschrieben. Wie du sehen wirst, hapert es aber noch bei den Präpositionen, den Infinitivkonstruktionen und bei der Stellung der Pronomen. Lies dir den Brief durch und korrigiere seine Fehler.

Ma chère Magali,
Aujourd'hui, j'ai enfin le temps d'écrire toi.[1] ______
D'abord, je dois te dire que j'ai été très content à trouver ta lettre ce matin.[2] ______

Je la viens de lire.[3] ______
J'ai essayé de te téléphoner il y a trois jours et j'ai pu parle avec ta maman, mais tout d'un coup, plus rien.[4] ______
J'ai essayé de refaire ton numéro, mais toujours rien.[5] ______

Est-ce que ton téléphone est cassé?[6] ______

Il commence de faire chaud à Berlin.[7] ______
Aujourd'hui, il fait 29° et nous avons «hitzefrei».[8] ______

(Au fait, qu'est-ce que c'est en français?)[9] ______
Alors, nous n'avons pas beaucoup envie de travaille.[10] ______
Mais les profs ne voulent rien savoir: nous avons toujours beaucoup de devoirs de faire.[11] ______
Moi, je rêve de me promener dans Paris avec vous (et avec toi).[12] ______
Vous avez de la chance d'être déjà en vacances.[13] ______
Est-ce que Brigitte aime toujours de manger des gâteaux?[14] ______

Bises Rolf

1 j'ai enfin le temps de t'écrire
2 content de trouver
3 Je viens de la lire
4 j'ai pu parler
5 correct
6 correct
7 Il commence à faire
8 correct
9 correct
10 pas beaucoup envie de travailler
11 ne veulent rien savoir/beaucoup de devoirs à faire
12 correct
13 correct
14 aime toujours manger

Das Datum von heute __________

103 Les explications
(Infinitivkonstruktionen mit à)

Complète les explications de Magali.

Wie du gesehen hast, hat Rolf noch einige Probleme mit der französischen Sprache. Magali ihrerseits hat auch Probleme mit der deutschen Sprache und mit ihrer Deutschlehrerin.

Franchement, je ne comprends pas du tout ma note en allemand. À Pâques, Rolf m'a invitée __________[1] passer deux semaines à Berlin. Avec lui, j'ai parlé allemand toute la journée et je n'ai pas eu peur __________[2] faire des fautes sur le génitif ou le datif.

D'abord, même les Allemands font des fautes après «wegen»!

Alors ... Mais, voilà, madame Meyer, ma prof ne veut rien __________[3] savoir!

Pourtant, j'ai bien appris le vocabulaire, mais c'est vrai que je ne pense pas __________[4] apprendre l'article. Il faut __________[5] dire qu'il y a trois articles en allemand!

1 à
2 de
3 –
4 à
5 –

Das Datum von heute __________

104 Rien ne va plus
(Infinitivkonstruktionen mit Präposition)

Complète le texte avec une préposition si nécessaire.

C'est la fin de l'année scolaire. Une triste fin pour Magali. Elle vient ____[1] apprendre qu'elle va ____[2] redoubler. Ce n'est pas vraiment une surprise pour elle.

Elle n'a pas eu envie ____[3] travailler cette année et elle a souvent oublié ____[4] faire ses devoirs. En mai, elle a bien commencé ____[5] travailler un peu, mais trop tard. Pourtant *(und doch)*, à la maison, son père et sa mère lui ont bien dit ____[6] se mettre enfin au travail.

Elle a essayé ____[7] se concentrer en maths et en latin, mais elle n'a jamais aimé ____[8] faire des maths. Elle préfère ____[9] faire de la musique et du sport. Et le latin! Encore une idée de ses parents! Elle n'a jamais eu envie ____[10] apprendre le latin! Franchement *(ehrlich)*, est-ce qu'on a besoin ____[11] apprendre le latin à l'époque *(im Zeitalter)* des ordinateurs?

En plus, en physique, elle a eu une prof qui ne sait pas ____[12] expliquer! Essayez donc ____[13] dire à un prof qu'il n'explique pas bien!

Maintenant, elle doit ____[14] rentrer et elle a peur ____[15] montrer ses notes à ses parents ...

Et elle est bien triste ____[16] ne pas être avec Brigitte l'année prochaine.

1 d'
2 –
3 de
4 de
5 à
6 de
7 de
8 –
9 –
10 d'
11 d'
12 –
13 de
14 –
15 de
16 de

Das Datum von heute ____________

105 Le petit traducteur (Infinitivkonstruktionen mit Präposition)

Dein französischer Freund ruft dich an und will mit dir ins Kino gehen.
Du sagst ihm:

1 Ich habe schon *(bien)* Lust, ins Kino zu gehen.

____

2 Aber ich habe keine Zeit auszugehen.

____

3 Ich habe noch Hausaufgaben zu erledigen.

____

4 Ich schlage dir vor, nach der Mathematikarbeit *(composition de mathématiques f)* den Film anzusehen.

____

____

1 J'ai bien envie d'aller au cinéma.
2 Mais je n'ai pas le temps de sortir.
3 J'ai encore des devoirs à faire.
4 Je te propose de regarder le film après la composition de mathématiques.

Das Datum von heute ___________

106 Haupt- und Nebensatz
(Relativpronomen qui)

Was passt hier zusammen? Verbinde den Haupt- und den Nebensatz.

1 Frédéric et Rolf sont des garçons
2 Brigitte est une fille
3 Yves est un copain de Frédo
4 «Danse avec les loups» est un film
5 Strasbourg est une ville
6 Clotilde est une petite fille

a) qui est près de l'Allemagne.
b) qui fait beaucoup de bêtises.
c) qui m'a beaucoup intéressé.
d) qui rêve du tour de France.
e) qui sont vraiment très sympathiques.
f) qui aime beaucoup les gâteaux.

1	2	3	4	5	6

1	2	3	4	5	6
e	f	d	c	a	b

Das Datum von heute __________

107 Debout tout le monde! (Relativpronomen qui)

In dieser Übung musst du überlegen, wo das Relativpronomen stehen muss. Schreibe dann das neue Satzgefüge auf.

1 Clotilde décide de faire une farce à son frère.

Elle a toujours beaucoup d'idées pour faire des bêtises.

Clotilde, qui a toujours beaucoup d'idées pour faire des bêtises, décide de faire une farce à son frère.

2 Frédéric a programmé son réveil pour dix heures. Il aime bien dormir longtemps.

____

____

3 Clotilde s'ennuie seule. Elle est toujours debout à sept heures.

____

____

4 Elle cherche une farce. Cette farce doit mettre Frédo en colère *(in Wut versetzen)*.

____

____

5 Elle entre dans la chambre de son frère. Il dort.

____

____

6 Elle prend le réveil. Il est programmé pour dix heures.

____

____

Et elle le programme pour sept heures!

2 Frédéric, qui aime bien dormir longtemps, a programmé son réveil pour dix heures.
3 Clotilde, qui est toujours debout à sept heures, s'ennuie seule.
4 Elle cherche une farce qui doit mettre son frère en colère.
5 Elle entre dans la chambre de son frère qui dort.
6 Elle prend le réveil qui est programmé pour dix heures.

Das Datum von heute ___________

108 Kleine Satzanalyse (Relativpronomen que)

Untersuche die folgenden Satzgefüge nach dem vorgegebenen Beispiel.

a) Kennzeichne zuerst den Haupt- und Relativsatz.

b) Untersuche dann die Funktion der Satzglieder im Relativsatz.

c) Kennzeichne zuletzt das Bezugswort des Relativpronomens.

Hauptsatz | Relativsatz

1 Frédéric n'aime pas les farces | que Clotilde lui fait.

d. O. S i. O. P

2 Montre-moi le musée que nous allons visiter demain.

3 Comment s'appelle ce château que vous nous montrez aujourd'hui?

4 C'est une forêt qui est très belle.

Hauptsatz | Relativsatz

2 Montre-moi le musée | que nous allons visiter demain.

d.O. S. Prädikat

Hauptsatz | Relativsatz

3 Comment s'appelle ce château | que vous nous montrez aujourd'hui?

d.O. S ind.O. Prädikat

Hauptsatz | Relativsatz

4 C'est une forêt | qui est très belle.

S Prädikat

109 Un drôle d'oiseau
(Relativpronomen qui und que)

Vervollständige den Text mit dem passenden Relativpronomen *qui* oder *que*.

Depuis quelques semaines, il y a un drôle de locataire *(Mieter)* _________[1] habite au cinquième étage.

Mme Saistout n'aime guère *(wenig)* ce nouvel habitant _________[2] ne dit jamais bonjour ni au revoir et _________[3] n'a jamais de lettres! Pas normal, ça! Une personne normale reçoit *(bekommt)* des lettres, un journal, des visites. Et puis, porter des lettres ou des paquets, c'est un travail _________[4] Mme Saistout aime bien faire. Comme cela, elle peut demander les timbres _________[5] son fils n'a pas encore.

Et puis, au cinquième ou au sixième, il y a toujours un petit café ou un apéritif _________[6] attendent Mme Saistout.

Alors, bizarre, bizarre *(seltsam)*, ce monsieur sans courrier, sans journal, sans visites.

1 qui
2 qui
3 qui
4 que
5 que
6 qui

Das Datum von heute __________

110 Une dispute
(Hervorhebungen)

Ergänze in den folgenden Sätzen die Hervorhebung. Denke daran, daß das Verb in die angegebene Zeit gesetzt werden muss und sich nach dem Subjekt richtet.

Frédéric: Clotilde, c'est toi qui fais les courses aujourd'hui.
(faire les courses/présent)

Clotilde: Ah, non! Pas question! C'est déjà moi ____________________
____________ au supermarché hier! (aller/passé composé)

La mère: Encore une dispute! Je vais vous mettre d'accord!
Aujourd'hui, c'est moi ________________________ pour vous.
(décider/futur composé)
Vous êtes en vacances, alors c'est vous _____________________
la cuisine et ______________________! (ranger/futur composé, faire les courses/futur composé)

Frédéric et Clotilde: Ras le bol! C'est toujours nous ____________________________
_______________ en vacances! (devoir tout faire/présent)

C'est déjà moi *qui suis allée* au supermarché hier!
… c'est moi *qui vais décider* pour vous.
… c'est vous *qui allez ranger* la cuisine et *qui allez faire les courses!*
… c'est toujours nous *qui devons tout faire* …

Das Datum von heute ____________

111 Wandle um!
(Hervorhebungen)

C'est ... qui ou c'est ... que?
Wandle die folgenden Sätze um, indem du jeweils das unterstrichene Satzglied hervorhebst.

1 Ce matin, je suis arrivé.

C'est ce matin que je suis arrivé.

2 Jean fait les courses.

____

3 J'ai téléphoné.

____

4 Il habite à Tunis.

____

5 Vous arrivez à Berlin à 20 heures.

____

6 Nous téléphonons à Mme Pipelette.

____

7 Rolf et Magali viennent nous chercher.

____

____

8 Nous allons chercher les grands-parents en voiture.

____

____

2 C'est Jean qui fait les courses.
3 C'est moi qui ai téléphoné.
4 C'est à Tunis qu'il habite.
5 C'est à 20 heures que vous arrivez ...
6 C'est à Mme Pipelette que nous ...
7 Ce sont Rolf et Magali qui viennent nous chercher.
8 Ce sont les grands-parents que nous allons chercher en voiture.

Das Datum von heute __________

112 Ort und Zeit
(Relativpronomen où)

Wandle die folgenden Sätze um. Unterstreiche zuerst die Orts- oder Zeitbestimmungen des zweiten Hauptsatzes. Verbinde dann beide Sätze, indem du die Orts- oder Zeitbestimmung durch das Relativpronomen *où* ersetzt.

1 Voilà le grand magasin de Cherbourg. J'ai acheté mon parapluie dans ce magasin.

Voilà le grand magasin de Cherbourg où j'ai acheté mon parapluie.

2 Je vais te montrer le théâtre. Je suis déjà allé dans ce théâtre!

____

3 Cela s'est passé un soir de vacances. Il y a eu un orage *(Gewitter)* ce soir-là.

____

____

4 Karin montre des photos. «Regardez la maison. Nous avons habité dans cette maison pendant cinq ans.»

____

____

2 dans ce théâtre / Je vais te montrer le théâtre où je suis déjà allé.
3 ce soir-là / Cela s'est passé un soir de vacances où il y a eu un orage.
4 dans cette maison / «Regardez la maison où nous avons habité pendant cinq ans.»

113 Les réflexions d'une concierge
(Relativpronomen)

Füge die Relativpronomen *qui, que* und *où* ein.

«Oui, ... un drôle d'oiseau ... Voilà donc un monsieur ______[1] ne reçoit *(erhält)* pas de courrier et ______[2] n'a pas de visite.

Je ne sais même pas ______[3] il travaille. D'abord, est-ce qu'il travaille?

Il reste toujours ici. Le seul *(einzig)* moment ______[4] il sort, c'est quand je fais le ménage chez Mme Lardoux.

Oui, c'est la seule sortie ______[5] il fait de la journée.

Ensuite, c'est la seule personne de l'immeuble ______[6] je ne connais pas: jamais un bonjour ou un apéritif! Un sauvage *(Wilder)*!

C'est peut-être une personne ______[7] a peur ... de la police et ______[8] se cache chez nous. Oh là là! Un criminel chez nous!

C'est à mon amie Mme Pipelette ______[9] je vais raconter tout cela.

C'est une collègue discrète ______[10] va pouvoir comprendre.

Et expérimentée *(erfahren)* avec ça! Pensez donc, dans l'immeuble ______[11] elle est concierge, il y a dix étages.

Alors, elle a de l'expérience et elle a vu beaucoup de choses ______[12] elle ne peut pas raconter à tout le monde, sauf *(bis auf)* à moi, bien sûr.»

1 qui
2 qui
3 où
4 où
5 qu'
6 que
7 qui
8 qui
9 que
10 qui
11 où
12 qu'

Das Datum von heute __________

114 Mon cher Yves
(reflexive Verben im Präsens)

Lettre de Frédéric à son ami Yves
Setze die richtige Verbform ein.

Mon cher Yves,

Merci beaucoup pour ta carte. Je ______________________[1] — s'amuser

beaucoup avec mon cousin Sylvain et Cloclo.

Nous ______________________[2] à dix heures et — se lever

nous ______________________[3] tous les jours. — se baigner

Le soir, nous organisons des petites fêtes

et nous ______________________[4] vers minuit. — se coucher *(ins Bett gehen)*

Je ______________________[5] d'aller à la poste parce que — se dépêcher *(sich beeilen)*

j'ai rendez-vous avec une fille sympa.

Elle ______________________[6] Gisèle. — s'appeler

Avec elle, on ______________________[7]. — ne jamais s'ennuyer *(sich langweilen)*

Nous ______________________[8] bien. — s'entendre

Et toi, est-ce que tu ______________________[9] bien aussi? — s'amuser

A bientôt

Frédéric

1 je m'amuse
2 nous nous levons
3 nous nous baignons
4 nous nous couchons
5 je me dépêche
6 elle s'appelle
7 on ne s'ennuie jamais
8 nous nous entendons
9 tu t'amuses?

Das Datum von heute ___________

115 Lève-toi!
(reflexive Verben im Präsens)

Frédérics Alltag ist nicht sehr lustig. Er sieht vielmehr so aus:

Frédéric! Il est déjà sept heures. Lève-toi.

Ergänze in den Sätzen das passende Verb in der Befehlsform.
Benutze dabei folgende Verben:

se coucher – se laver –se dépêcher – s'habiller – ne pas s'amuser –
se mettre au travail *(sich an die Arbeit machen)*

Tu as encore du chocolat partout! Lave-toi[1].

Tu as des devoirs à faire! ____________________________[2].

Mais tu es toujours en pyjama! ____________________________[3].

Tu as ton bus dans cinq minutes. ____________________________[4].

____________________________[5] pendant tes devoirs. Arrête ton jeu électronique.

Il est déjà 22 heures. ____________________________[6].

2 Mets-toi au travail.
3 Habille-toi.
4 Dépêche-toi.
5 Ne t'amuse pas ...
6 Couche-toi.

Das Datum von heute __________

116 Was passt?
(reflexive Verben im passé composé)

Welches Subjekt passt zu welchem Verb? Schreibe den vollständigen Satz auf.

a) se sont rencontrés à la M. J. C.	1 Et vous, Magali et Brigitte,
b) s'est dépêché.	2 Frédéric
c) vous vous êtes déguisées en quoi?	3 Cloclo
d) ne s'est pas couchée à dix heures.	4 Yves et Brigitte

1	2	3	4

1 ____

____

2 ____

3 ____

4 ____

1	2	3	4
c	b	d	a

1 Et vous, Magali et Brigitte, vous vous êtes déguisées en quoi?
2 Frédéric s'est dépêché.
3 Cloclo ne s'est pas couchée à dix heures.
4 Yves et Brigitte se sont rencontrés à la M. J. C

Das Datum von heute __________

117 La surboum masquée
(reflexive Verben im futur composé)

Unsere Freunde sind auf eine Party eingeladen. Sie sollen sich verkleiden. Sie überlegen, was sie wohl anziehen werden und wo sie sich treffen sollen. Natürlich muss Cloclo wie üblich dazwischenfunken.
Vervollständige die Sätze, indem du die nahe Zukunft einsetzt.

Yves:	Je vais m'acheter [1] un costume de pirate.	s'acheter
	Et toi, qu'est-ce que tu ____________ [2]?	s'acheter
Frédéric:	Rien. Mais, je ____________ [3] en vampire.	s'habiller
Brigitte:	Mais où est-ce que nous ____________ [4]?	se rencontrer
Magali:	Eh bien, on ____________ [5] à neuf heures au métro Riquet.	se retrouver
Cloclo:	Dites donc, vous ____________ [6].	ne pas s'ennuyer
	Et moi, alors? Qui ____________ [7] de moi?	s'occuper
Frédéric:	Mais c'est pour les grands. Ça ne va pas t'intéresser. Tu ____________ [8] avec nous. Reste avec les grands-parents.	s'ennuyer
Cloclo:	Merci bien! Ils ____________ [9] devant la télé!	s'endormir

2 tu vas t'acheter
3 je vais m'habiller
4 nous allons nous rencontrer
5 on va se retrouver
6 vous n'allez pas vous ennuyer
7 Qui va s'occuper
8 Tu vas t'ennuyer
9 Ils vont s'endormir

Das Datum von heute ___________

118 C'est correct? (reflexive Verben)

In einigen der folgenden Sätze stecken Fehler. Lies dir diese Sätze durch und notiere jeweils ein c für *correct* oder ein f für *faux*. Korrigiere dann die Fehler.

☐ **1** Je s'habille.

____

☐ **2** Il se va lever à sept heures.

____

☐ **3** Nous n'allons pas nous coucher.

____

☐ **4** Vous voulez vous rencontrer à quelle heure?

____

☐ **5** Il a sifflé, mais je ne m'ai pas retournée.

____

☐ **6** Elles se sont ennuyé pendant le film.

____

☐ **7** Avec mon bras cassé, je ne peux pas m'habiller.

____

☐ **8** Magali et Brigitte ne se sont pas baignées.

____

☐ **9** Vous allez vous amusent à la boum.

____

1 f Je m'habille.
2 f Il va se lever …
3 c
4 c
5 f … je ne me suis pas retournée.
6 f Elles se sont ennuyées.
7 c
8 c
9 f Vous allez vous amuser …

Das Datum von heute __________

119 Standpunkt und Richtung
(Adverbialpronomen y)

Unterstreiche die Ortsbestimmungen und ersetze sie durch das Adverbialpronomen *y* oder durch ein Personalpronomen.

1 Il reste à Cherbourg pendant les vacances.

Il y reste pendant les vacances.

2 Je ne mange jamais dans ce restaurant.

____

3 À deux heures, il va à la piscine.

____

4 Nous jouons à l'ordinateur chez Robert.

____

5 Vous allez au cinéma?

____

6 Allons au marché!

____

7 Il habite en Suisse.

____

2 dans ce restaurant — Je n'y mange jamais.
3 à la piscine — … il y va.
4 chez Robert — Nous jouons à l'ordinateur chez lui.
5 au cinéma — Vous y allez.
6 au marché — Allons-y!
7 en Suisse — Il y habite.

Das Datum von heute __________

120 Complète ces dialogues
(Adverbialpronomen y und en)

Ergänze bei den Fragen jeweils die richtige Präposition. Bei den Antworten muss entweder *y, en* oder eine Präposition + betontes Personalpronomen eingesetzt werden. In einigen Antworten muss auch das Verb ergänzt werden.

1	Tu vas _au_ marché?	Non j' _en_ viens.
2	Tu sors ______ chez le dentiste?	Ben oui, tu vois bien que je sors ______________________!
3	Mes papiers sont __________________.	Non, ils ______________________!
4	Je peux aller ______ cinéma ce soir?	Mais oui! Vas- _______!
5	Rolf habite __________ Magali pendant les vacances?	Non, il n'habite pas ____________. Il habite ______________ Frédo.
6	Ta mère rentre ______ bureau à cinq heures?	Non, elle ______ rentre à six heures.
7	Les enfants vont ______ cinéma ce soir?	Non, ils ____________ déjà ______ hier.
8	Quand est-ce que tu vas repartir _de_ Strasbourg?	Je vais ________________ le 31 août.

2	de	de chez lui
3	dans le sac	ils n'y sont pas
4	au cinéma	Vas-y.
5	chez Magali	chez elle/chez
6	du	en
7	au	ils y sont déjà allés
8	de	en repartir

121 Sehnsucht
(Adverbial- und Personalpronomen)

„Es gibt keine glückliche Liebe“ heißt ein berühmtes Gedicht von Aragon. Nicht nur Magali ist unglücklich. Auch Rolf sehnt sich nach den glücklichen Tagen in Paris zurück, seitdem er wieder in Berlin ist.
Ersetze die Ergänzungen mit *à* oder *de* durch ein Adverbialpronomen oder ein Personalpronomen.

1 Rolf pense souvent au concert de Porte 53 entendu avec Magali.

____

2 Il a très envie de repartir à Paris.

____

3 Souvent, la nuit, il rêve de son amie.

____

4 Il se souvient *(erinnert sich)* de leurs promenades ensemble.

____

5 Pendant les récréations, il parle beaucoup de ses amis français.

____

6 Si tout va bien *(wenn alles gut geht),* peut-être qu'il va à Paris à Noël.

____

7 Mais qu'est-ce que ses parents pensent de son idée?

____

8 Mais Magali, elle, est-ce qu'elle a aussi besoin de Rolf?

____

1 Rolf y pense souvent.
2 Il en a très envie.
3 … il rêve d'elle.
4 Il s'en souvient.
5 … il parle beaucoup d'eux.
6 … peut-être qu'il y va à Noël.
7 … ses parents en pensent?
8 … elle a aussi besoin de lui?

Das Datum von heute ___________

122 Wofür?
(Adverbial- und Personalpronomen)

Für welche Ergänzungen stehen die Adverbialpronomen *y* und *en*, für welche die Personalpronomen?

1	Elle en revient.	**a)**	du porc *(Schweinefleisch)*
2	Vous y allez?	**b)**	de l'eau minérale
3	Tu ne veux pas rester chez elle?	**c)**	ta grand-mère
4	Est-ce qu'il va y penser?	**d)**	de la voiture
5	Elle rêve de lui?	**e)**	du marché
6	Nous allons chez elles.	**f)**	tes amis
7	Tu en as besoin ce soir, chéri?	**g)**	à la lettre
8	Tu penses rester longtemps chez eux?	**h)**	Anne et Marie-Line
9	Les Allemands en mangent souvent.	**i)**	de Rolf
10	Mais oui, j'en ai pris.	**k)**	au cinéma

1	2	3	4	5	6	7	8	9	10
e									

1	2	3	4	5	6	7	8	9	10
e	k	c	g	i	h	d	f	a	b

Das Datum von heute __________

123 Richtig ersetzen
(Adverbial- und Personalpronomen)

Ersetze die unterstrichenen Wörter durch ein Adverbialpronomen, ein Personalpronomen oder durch Präposition + Personalpronomen.

1 Elle n'a pas envie de travailler.

____

2 Tu viens de Cherbourg?

____

3 Nous allons au théâtre.

____

4 Je reste chez Eric ce soir.

____

5 Tu reviens du marché?

____

6 Nous prenons deux kilos de tomates.

____

7 Il parle souvent de ses vacances.

____

8 Va à l'école!

____

9 Ne prends pas de café à ton âge!

____

10 Je viens de chez le coiffeur.

____

1 Elle n'en a pas envie.
2 Tu en viens.
3 Nous y allons.
4 Je reste chez lui ce soir.
5 Tu en reviens?
6 Nous en prenons deux kilos.
7 Il en parle souvent.
8 Vas-y!
9 N'en prends pas à ton âge!
10 Je viens de chez lui.

Das Datum von heute ___________

124 Une enquête
(Komparativ)

Das Ergebnis seiner Umfrage hat Yves in eine Tabelle übertragen. Du sollst diese Tabelle nun wieder in die ursprünglichen Aussagen zurückverwandeln.
(+: plus; –: moins, =:ne ... pas aussi/aussi)

	qualité	professeur, matière élèves, etc.	+	–	=	professeur, matière, élèves, etc.
1	strict,e	le prof de latin	x			la prof de chimie
2	libéral,e	la prof de dessin			x	la prof de philosophie
3	difficile	l'informatique		x		les mathématiques
4	dur,e *(hart, schwierig)*	la philosophie	x			l'histoire
5	paresseux,se *(faul)*	les filles			x	les garçons
6	mauvais,e	les interros orales *(mündliche Prüfungen)*	x			les interros écrites
7	autoritaire	la documentaliste *(Bibliothekarin)*			x	le prof de physique
8	bon, ne	la cafétéria	x			la cantine
9	sévère *(streng)*	le pion *(Aufseher)*		x		le principal *(Direktor)*

1 Le professeur de latin est plus strict que la professeur de chimie.

2 ...

2 La professeur de dessin est aussi libérale que la professeur de philosophie.
3 L'informatique est moins difficile que les mathématiques.
4 La philosophie est plus dure que l'histoire.
5 Les filles sont aussi paresseuses que les garçons.
6 Les interros orales sont plus mauvaises que les interros écrites.
7 La documentaliste est aussi autoritaire que le professeur de physique.
8 La cafétéria est meilleure que la cantine.
9 Le pion est moins sévère que le principal.

Das Datum von heute __________

125 Zavata – le cirque du superlatif
(Superlativ)

1 le chapiteau *(Zirkuszelt)* / haut ↑ / le monde	Zavata a le chapiteau le plus haut du monde.
2 les acrobates / habile *(geschickt)* ↑ / tous les cirques	Il a les acrobates
3 l'éléphant / gros ↑ / l'Inde	Il a
4 le tigre / dangereux ↑ / la France	Il a
5 la trapéziste / joli ↑ / tous les cirques français	
6 le jongleur / petit ↑ / le monde	
7 la femme / fort ↑ / l'Europe	
8 la girafe / grand ↑	
9 le clown / drôle ↑ / tous les clowns	
10 le dompteur / courageux ↑ / la France	
11 les chevaux / beau ↑	
12 l'orchestre / bon ↑ / le monde	

2 Il a les acrobates les plus habiles de tous les cirques.
3 Il a le plus gros éléphant d'Inde.
4 Il a le tigre le plus dangereux de France.
5 Il a la plus jolie trapéziste de tous les cirques français.
6 Il a le plus petit jongleur du monde.
7 Il a la femme la plus forte d'Europe.
8 Il a la plus grande girafe.
9 Il a le clown le plus drôle de tous les clowns.
10 Il a le dompteur le plus courageux de France.
11 Il a les plus beaux chevaux.
12 Il a le meilleur orchestre du monde.

Das Datum von heute __________

126 Une spécialité allemande
(Verben mit avoir)

Verb — direktes Objekt

Tu **as trouvé** **mes clés?**

direktes Objekt — Verb

Oui, je **les** ai trouvé**es.**

Le pique-nique
Gleiche das Partizip dem direkten Objekt an.

1 «Les sandwichs, tu les as fait __________?»

2 «Bien sûr! Tu ne les as pas vu __________?»

3 «Ah si, les voilà! Et les boissons, tu les as préparé __________?»

4 «Mais oui! Et si tu cherches les assiettes, je les ai mis __________ dans le panier *(Korb)* avec les verres.»

5 «Des assiettes pour les sandwichs?»

6 «Non, pour le dessert. C'est Katrin qui l'a préparé __________.
C'est une spécialité allemande.»

1 faits
2 vus
3 préparées
4 mises
5 préparé

Das Datum von heute ___________

127 Ja oder nein?
(Verben mit avoir)

Vervollständige die Partizipien, wenn es notwendig ist.

1 Nous avons passé ____________________ des vacances formidables.

2 Quelles belles chaussures! Où est-ce que tu les as acheté ____________________?

3 Marion a bien joué ____________________ à la plage.

4 Et les dernières vidéo-cassettes de Michael Jackson, tu les as vu ______________?

5 Plus de gâteaux! Brigitte les a encore mangé ____________________!

1 passé
2 achetées
3 joué
4 vues
5 mangés

128 Verschiedene Erklärungen
(Verben mit avoir)

Welche Erklärung trifft für die folgenden Sätze zu? Trage den Buchstaben der richtigen Erklärung in das entsprechende Kästchen ein.

A Das Verb wird mit *être* verbunden. Folglich richtet sich das Partizip nach dem Subjekt.

B Das Verb wird mit *avoir* verbunden. Ein direktes Objekt ist nicht vorhanden. Das Partizip bleibt unverändert.

C Das Verb wird mit *avoir* verbunden. Das direkte Objekt steht hinter dem Verb. Das Partizip bleibt unverändert.

D Das Verb wird mit *avoir* verbunden. Das direkte Objekt steht vor dem Verb. Das Partizip richtet sich nach dem direkten Objekt.

1 Voilà les chaussures que j'ai essayées. D

2 Quels timbres est-ce que tu as choisis?

3 Tu m'as donné tes lettres il y a cinq minutes.

4 Ils sont partis par le train de onze heures.

5 Je leur ai parlé dans l'escalier.

6 Katrin et Rolf? Je les ai vus à la M. J. C.

2 D
3 C
4 A
5 B
6 D

129 Accord ou pas accord?
(Verben mit avoir)

Unterstreiche zunächst alle direkten Objekte, die vor dem Verb stehen.

La mère: Magali, je t'ai encore vu _________[1] avec ce garçon. Je t'ai déjà dit _________[2] que je n'aime pas ça!

Magali: Je lui ai juste parlé _________[3] cinq minutes. On nous a donné _________[4] des billets de cinéma pour la M. J. C.

La mère: Bonne excuse, la M. J. C.! Je vous ai déjà vu _________[5] hier ensemble!

Magali: Mais maman, c'est lui qui m'a appelé _________________[6]. Alors, je lui ai dit __________[7] bonjour, c'est tout! En maths, c'est un crack et il m'a donné _____________[8] les solutions des problèmes!

1 vue
2 dit
3 parlé
4 donné
5 vus
6 appelée
7 dit
8 donné

130 Une drôle de livraison
(Partizipien)

Bei Pottiers ist eingebrochen worden. Mme Pipelette erzählt.
Verändere die Partizipien, wenn es notwendig ist.

Voilà, Monsieur le commissaire: deux hommes en blouse grise *(in grauem Kittel)* m'ont appelé____[1]. Ils m'ont expliqué____[2] que c'est une livraison pour les Pottier.

Ils sont passé____[3] devant ma loge avec une grosse caisse.

Ils l'ont porté ____[4] avec beaucoup de difficultés jusqu'au quatrième.

Ils se sont bien arrêté____[5] vingt fois.

Ils ont sonné____[6], mais personne ne leur a répondu.

Alors, je leur ai dit: «Mais la famille Pottier est parti____[7] travailler. C'est drôle, votre livraison maintenant.»

Les deux hommes m'ont donc montré____[8] une feuille de livraison *(Lieferschein)* pour une télévision.

Je suis donc allé____[9] chercher mon passe-partout *(Hauptschlüssel)* pour ouvrir.

Je me suis quand même un peu étonné____[10], quand j'ai vu____[11] la caisse dans le couloir. Puis, les deux hommes sont reparti____[12] très vite.

Deux heures après, ils sont revenu____[13]: une erreur de livraison *(falsche Lieferung)*.

Ils ont repris____[14] leur caisse et l'ont porté____[15] sans problème jusqu'à leur camion. Peu après, une femme que je n'ai encore jamais vu____[16] dans l'immeuble est descendu____[17] du quatrième.

J'ai trouvé____[18] tout cela très drôle et j'ai appelé____[19] ma collègue, madame Saistout. Et voilà l'article «Les voleurs-livreurs» qu'elle m'a montré____[20].

Ce sont bien ces hommes et cette femme-là, commissaire. Je les ai reconnu____[21].

1 appelée
2 expliqué
3 passés
4 portée
5 arrêtés
6 sonné
7 partie
8 montré
9 allée
10 étonnée
11 vu
12 repartis
13 revenus
14 repris
15 portée
16 vue
17 descendue
18 trouvé
19 appelé
20 montré
21 reconnus

131 Urlaub machen
(Ländernamen und ihre Begleiter)

Dans ces phrases, les gens aiment faire des voyages.
Formuliere vollständige Sätze und verwende die richtigen Präpositionen.

1 a) Claire / aller faire un stage (Praktikum) / D
b) M. Bequetot / revenir / PL
2 a) Jean-Luc / avoir travaillé / GB
b) Mlle de Beer / rendre visite à sa famille / NL
3 a) Mme Grandchamp / être revenue / TR
b) la famille Gros rentrer / L
4 a) Mme Sète / rester quatre semaines / I
b) Paul et Paulette / passer leurs vacances / S
5 a) la famille Rieux /revenir / USA
b) M. Turgot / faire un voyage / CH

1 a) Claire va faire un stage ______________________
b) ______________________
2 a) ______________________
b) ______________________
____
3 a) ______________________
b) ______________________
4 a) ______________________
b) ______________________
5 a) ______________________
b) ______________________

1 a) Claire va faire un stage en Allemagne.
b) M. Bequetot revient de Pologne.
2 a) Jean-Luc a travaillé en Grande-Bretagne.
b) Mlle de Beer rend visite à sa famille aux Pays-Bas.
3 a) Mme Grandchamp est revenue de Turquie.
b) La famille Gros rentre du Luxembourg.
4 a) Mme Sète reste quatre semaines en Italie.
b) Paul et Paulette passent leurs vacances en Suède.
5 a) La famille Rieux revient des Etats-Unis.
b) M. Turgot fait un voyage en Suisse.

Das Datum von heute ___________

132 Camping international
(Nationalitäten)

Sur un terrain de camping international, il y a des jeunes de toutes les nationalités. Pendant une fête, ils se parlent ...

Pierre (F) + Luc (L/B)	Ludmilla (RO) + Tony (B/GB)
Gina (I) + Pedro (DK/P)	Carmen (E) + Nils (GB/S)
Steve (USA) + Fatima (D/TR)	Krisztian (PL) + Anna (IRL/N)

1 Luc: Ah, tu es Français?
Pierre: Oui, je viens de France. Et toi?
Luc: Je viens du Luxembourg, mais je suis Belge.

2 Tony: Ah, tu es ______________________
Ludmilla: Oui, je ______________________ Et toi?
Tony: Je viens ______________ mais je suis ______________

3 Pedro: Tu es ______________________
Gina: Oui, je viens ______________________
Pedro: ______________________

4 Nils: ______________________
Carmen: ______________________
Nils: ______________________

5 Fatima: ______________________
Steve: ______________________
Fatima: ______________________

6 Anna: ______________________
Krisztian: ______________________
Anna: ______________________

2 Tony: Ah, tu es Roumaine?
Ludmilla: Oui, je viens de Roumanie. Et toi?
Tony: Je viens de Belgique, mais je suis Anglais.

3 Pedro: Ah, tu es Italienne?
Gina: Oui, je viens d'Italie. Et toi?
Pedro: Je viens du Danemark, mais je suis Portugais.

4 Nils: Ah, tu es Espagnole?
Carmen: Oui, je viens d'Espagne. Et toi?
Nils: Je viens de Grande-Bretagne, mais je suis Suédois.

5 Fatima: Ah, tu es Américain?
Steve: Oui, je viens des États-Unis. Et toi?
Fatima: Je viens d'Allemagne, mais je suis Turque.

6 Anna: Ah, tu es Polonais?
Krisztian: Oui, je viens de Pologne. Et toi?
Anna: Je viens d'Irlande, mais je suis Norvégienne.

Das Datum von heute ___________

133 Paul, der Lastkraftwagenfahrer
(Städtenamen und ihre Präpositionen)

Paul ist Lastkraftwagenfahrer für eine Supermarktkette in Frankreich. In einer Woche kommt er sehr viel herum. Bei der folgenden Übung musst du seinen Terminkalender in vollständige Sätze übersetzen. Mit der Frankreichkarte in deinem Atlas kannst du seine Route verfolgen. Schreibe auf einen Extrazettel.

Lundi	Mardi	Mercredi	Jeudi	Vendredi	Samedi	Dimanche
7 h partir Paris ●→ 16 h arriver Le Mans ✖	9 h aller Nantes →● vers 13 h continuer La Rochel- le →●	8 h se rendre Limoges →● 14 h partir Le Puy →●	Le Puy ●→ aller ●→ Chambéry	10 h arriver Les Saisies ✖ Il reste une nuit.	7 h partir Les Saisies ●→ 18 h arriver Le Creusot ✖	6 h partir Le Creusot ●→ passer Orléans ●→ 20 h arriver Le Havre ✖
1	2	3	4	5	6	7

●→ = partir de *(wegfahren von)*
●→→● = aller de ... à ...
●→ = passer par *(durchfahren durch)*
✖ = arriver à

→● = aller à
se rendre à *(sich begeben nach)*
continuer à *(weiterfahren nach)*
partir pour *(abfahren nach)*

1 Le lundi à sept heures, Paul part de Paris. A seize heures, il arrive ___________ ...

1 ... il arrive au Mans.
2 Le mardi à neuf heures, il va à Nantes. Vers treize heures, il continue à La Rochelle.
3 Le mercredi à huit heures, il se rend à Limoges. A quatorze heures, il part pour Le Puy.
4 Le jeudi, il va du Puy à Chambéry.
5 Le vendredi à dix heures, il arrive aux Saisies. Il y reste une nuit.
6 Le samedi à sept heures, il part des Saisies. Il arrive au Creusot à dix-huit heures.
7 Le dimanche à six heures, il part du Creusot. Il passe par Orléans. A vingt heures, il arrive au Havre.

Das Datum von heute ___________

134 Der Hafen von Amsterdam
(Städte- und Ländernamen)

Der Hafen von Amsterdam ist auch ein großer Güterumschlagplatz. Hier geht es um Städte- und Ländernamen. Es kommt auch der Teilungsartikel vor!
Dans le port d'Amsterdam, il y a ...

1 Angers →  : vin/F → L

... un camion qui vient d'Angers et qui transporte du vin français au Luxembourg;

2 S → 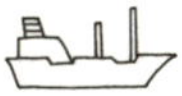 : jambon *m*/DK → RO

____

3 D →  : antiquités *f*/PL → NL

____

4 Lausanne →  : montres *f*/CH → GB

____

5 P → 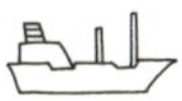 : oranges *f*/E → IRL

____

6 Le Havre → 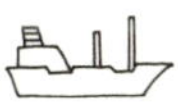 : sardines *f*/F → D

____

6 un bateau qui vient du Havre et qui transporte des sardines françaises en Allemagne;
5 un bateau qui vient du Portugal et qui transporte des oranges espagnoles en Irlande;
4 un camion qui vient de Lausanne et qui transporte des montres suisses en Grande-Bretagne;
3 un camion qui vient d'Allemagne et qui transporte des antiquités polonaises aux Pays-Bas;
2 un bateau qui vient de Suède et qui transporte du jambon danois en Roumanie;

Das Datum von heute ___________

135 Formen ergänzen
(die Bildung des imparfait)

Ergänze die Formen des *imparfait*.

regarder	jeter	lancer
je ______________	tu ______________	il ______________
nous ______________	vous ______________	ils ______________
attendre	descendre	vendre
j' ______________	tu ______________	elle ______________
nous ______________	vous ______________	elles ______________
dormir	partir	vouloir
je ______________	tu ______________	il ______________
nous ______________	vous ______________	ils ______________
réfléchir	venir	pleuvoir
je ______________	tu ______________	il ______________
nous ______________	vous ______________	
partager *(teilen)*	envoyer	crier *(schreien)*
je ______________	tu ______________	elle ______________
nous ______________	vous ______________	elles ______________
voir	croire	sourire
je ______________	tu ______________	nous ______________
nous ______________	vous ______________	vous ______________

je regardais nous regardions	tu jetais vous jetiez	il lançait ils lançaient
j'attendais nous attendions	tu descendais vous descendiez	elle vendait elles vendaient
je dormais nous dormions	tu partais vous partiez	il voulait ils voulaient
je réfléchissais nous réfléchissions	tu venais vous veniez	il pleuvait
je partageais nous partagions	tu envoyais vous envoyiez	elle criait elles criaient
je voyais nous voyions	tu croyais vous croyiez	nous souriions vous souriiez

136 Moi à ton âge
(die Bildung des *imparfait*)

Setze die folgenden Verben ins *imparfait*.

1 Moi, à ton âge, je ____________________________ (ne pas avoir besoin) d'argent de poche.

2 Nous ____________________________ (s'amuser) entre amis pour pas cher.

3 D'abord, je ________________________ (ne pas sortir) souvent.

4 Mes frères et moi, nous ___________________ (devoir) aider nos parents qui ________________________ (ne pas être) riches.

5 Le dimanche, nos parents nous _____________________ (emmener) parfois au cinéma.

6 Je dis bien parfois, car il ______________ (falloir) faire très attention à l'argent.

7 Nous ______________________ (ne pas pouvoir) partir en vacances.

8 Nous _______________ (aller) seulement chez une tante au bord de la mer.

9 Je _______________ (garder) des enfants pour me payer le cinéma et la discothèque une fois par mois.

10 Et vous ____________________________ (ne pas s'ennuyer)?

11 Si nous ____________________________ (s'ennuyer)?

12 Oh non, c' ____________ (être) comme ça pour tout le monde.

13 On __________________ (ne pas avoir) idée d'imaginer autre chose.

1 je n'avais pas besoin
2 Nous nous amusions
3 je ne sortais pas
4 nous devions … qui n'étaient pas
5 nos parents nous emmenaient
6 il fallait
7 Nous ne pouvions pas
8 Nous allions
9 je gardais
10 vous ne vous ennuyiez pas
11 nous nous ennuyions
12 c'était
13 On n'avait pas

137 Welche Ziffer? (Gebrauch von *imparfait* und *passé composé*)

Unterstreiche die Verben der folgenden Sätze und ergänze die Ziffer der zutreffenden Erklärung.

Das Verb bezeichnet

1 eine Situationsschilderung, eine parallel verlaufende Handlung, eine Hintergrundhandlung,
2a ein gerade im Verlauf befindliches Geschehen,
2b den Umstand einer Handlung *(venir de faire qc, aller faire qc)*,
3 die Regelmäßigkeit oder Wiederholung einer Handlung,
4 eine Situation oder Handlung, deren Anfang und Ende klar begrenzt sind,
5 ein neu eintretendes Ereignis.

1 J'étais dans mon bain quand le téléphone a sonné. 2a 5

2 C'était une belle journée. J'ai pris le métro jusqu'à Opéra, 1 ____
puis je me suis promenée sur les boulevards. Je suis entrée ____ ____
aux Galeries Lafayette. Je n'ai rien acheté parce que tout était
trop cher.

3 Pendant les vacances, mon père allait tous les jours nous ____
acheter des croissants.

4 Il pleuvait depuis des heures; Christian s'amusait avec une ____ ____
BD (bande dessinée *f*, Comic), Adeline jouait avec le chien ____
et Alexis s'ennuyait devant la télé. ____

5 Il faisait très beau, alors nous avons pris nos vélos. ____ ____

6 J'allais justement te téléphoner. ____

7 Nous sommes bien arrivés le 1er juillet par un très beau temps. ____

2 était, 1; ai pris, 4; suis promenée, 4; suis entrée, 4; n'ai rien acheté, 4; était, 1
3 allait, 3
4 pleuvait, 1; s'amusait, 1; jouait, 1; s'ennuyait, 1
5 faisait, 1; avons pris, 5
6 allais, 2b
7 sommes arrivés, 4

Das Datum von heute __________

138 Pas de problème!
(plus-que-parfait)

Setze die folgenden Verben ins *plus-que-parfait*.

1	finir	j'	______________________
2	gagner	tu	______________________
3	partir	elle	______________________
4	répondre	nous	______________________
5	boire	vous	______________________
6	descendre	ils	______________________
7	connaître	il	______________________
8	envoyer	elles	______________________
9	neiger	il	______________________
10	redoubler	nous	______________________
11	s'ennuyer	Marie	______________________
12	se coucher	ils	______________________

1 j'avais fini
2 tu avais gagné
3 elle était partie
4 nous avions répondu
5 vous aviez bu
6 ils étaient descendus
7 il avait connu
8 elles avaient envoyé
9 il avait neigé
10 nous avions redoublé
11 Marie s'était ennuyée
12 ils s'étaient couchés

Das Datum von heute __________

139 La fugue d'Agathe
(imparfait oder plus-que-parfait)

Setze die folgenden Verben ins *imparfait* oder ins *plus-que-parfait* und achte dabei auf die Partizipien.

Cela ______________[1] (faire) deux heures qu'elle ______________[2] (marcher) au bord de la route et elle ______________________[3] (ne pas manger) depuis la veille *(Vortag)*. Maintenant, elle ___________[4] (avoir) très faim.

Tout ____________________[5] (commencer) deux jours auparavant *(vorher)* par l'arrivée de cette lettre du lycée. Une enveloppe bleue, un peu sale. Le père __________________[6] (l'ouvrir), ______________[7] (la lire) et ______________________[8] (la donner) à la mère sans un mot.

Elle _________________[9] (s'essuyer) les mains, longuement, elle ___________________[10] (mettre) ses lunettes, puis elle ___________________[11] (regarder) sa fille, durement, sans un mot.

Puis, elle ______________________[12] (se retourner) vers le père et lui ________________[13] (dire). «Ça ______________[14] (devoir) bien se terminer comme ça un jour ou l'autre.» «Oui, elle n'est pas capable de suivre l'école.» «Elle», c'est-à-dire Agathe, __________________________________[15] (ne pas beaucoup travailler) cette année. Elle ______________________[16] (bien penser) aux mauvaises notes du bulletin et aux réactions de ses parents. Dans ses rêves, elle __________________________[17] (se représenter, sich vorstellen) cette scène comme un orage, une tempête de cris, un ouragan de pleurs, de reproches, mais ce silence, ce vide dans les yeux de ses parents ... Non. Alors, elle _________________[18] (sortir), tout doucement, sans bruit, sans claquer la porte comme elle le _________________[19] (faire) d'habitude.

1 Cela faisait
2 elle marchait
3 elle n'avait pas mangé
4 elle avait
5 Tout avait commencé
6 l'avait ouverte
7 l'avait lue
8 l'avait donnée
9 Elle s'était essuyé
10 elle avait mis
11 elle avait regardé
12 elle s'était retournée
13 lui avait dit
14 Ça devait
15 elle n'avait pas beaucoup travaillé
16 elle avait bien pensé
17 elle s'était représenté
18 elle était sortie
19 elle le faisait

Das Datum von heute ___________

140 Verbformen
(imparfait)

Ergänze das *imparfait* der folgenden Verben.

1	dire	je	________________
2	écrire	tu	________________
3	conduire	il	________________
4	boire	nous	________________
5	venir	vous	________________
6	servir	ils	________________
7	dormir	je	________________
8	ouvrir	tu	________________
9	envoyer	elle	________________
10	se lever	nous	________________
11	partir	vous	________________
12	réfléchir	elles	________________
13	falloir	il	________________
14	perdre	nous	________________

1 je disais
2 tu écrivais
3 il conduisait
4 nous buvions
5 vous veniez
6 ils servaient
7 je dormais
8 tu ouvrais
9 elle envoyait
10 nous nous levions
11 vous partiez
12 elles réfléchissaient
13 il fallait
14 nous perdions

Das Datum von heute __________

141 Une manif contre le racisme
(Vergangenheitsformen)

Setze den folgenden Text in die Vergangenheit. Überlege vorher, wie die Situationen von René gesehen werden:
– als unbegrenzt oder im Verlauf befindlich *(imparfait)*,
– als begrenzt oder neu eintretend *(passé composé)*.

René raconte:

«Il ____________[1] (être) environ dix heures quand nous ________________________[2] (se rencontrer). Le bus ______________________________[3] (venir de passer). Nous __________________________[4] (décider) d'aller à pied dans le centre-ville car le prochain bus ______________________________________[5] (ne pas aller passer) avant dix heures et demie. Il ______________[6] (faire) très beau ce jour-là. Nous _______________________[7] (se mettre) en route de bonne humeur. Malheureusement, il ____________[8] (falloir) porter nos pancartes *(Schilder)* contre le racisme. Comme elles ______________[9] (être) lourdes! Au bout de 20 minutes, je _______________________[10] (ne plus en pouvoir). J' _______________________[11] (demander) à Marie-Christine de m'aider. Mais elle ______________________[12] (me répondre) que ce _________________[13] (ne pas être) un travail pour une fille.
À quand une manif contre le sexisme?»

1 Il était
2 nous nous sommes rencontrés
3 Le bus venait de passer
4 Nous avons décidé d'aller
5 le prochain bus n'allait pas passer
6 Il faisait
7 Nous nous sommes mis
8 il fallait
9 elles étaient
10 je n'en pouvais plus
11 J'ai demandé
12 elle m'a répondu
13 ce n'était pas

Das Datum von heute __________

142 Agathe
(Vergangenheitsformen)

Setze die folgenden Verben ins *imparfait, passé composé* oder *plus-que-parfait*.

Agathe ______________________[1] (marcher) pendant des heures et maintenant, elle ____________________[2] (être) fatiguée. Elle ______________________[3] (finir) par s'asseoir au bord de la route et regardait toutes ces voitures qui ________________[4] (passer).

En ce moment, elle _____________________[5] (se demander) ce qu'elle ___________________[6] (faire) ici, au bord de la nationale ... Laquelle, au fait?

Où ________________[7] (être)-elle? Elle ne _________________________[8] (reconnaître) plus la sortie de la banlieue grise et hostile (feindselig) où elle se trouvait. Elle _____________________[9] (être) tellement absorbée par ses pensées (in Gedanken versunken sein) qu'elle n'avait pas vu le grand garçon brun de l'autre côté de la route qui ________________[10] (mener, führen) vers Paris.

Tout à coup, les lourds nuages gris qui ____________________[11] (menacer, bedrohen) le calme de cette fin d'après-midi ______________[12] (éclater, platzen) et de grosses gouttes (Tropfen) de pluie ____________________________[13] (commencer) à tomber.

Agathe ___________________[14] (regarder) autour d'elle pour chercher à se mettre à l'abri (sich unterstellen). Rien. Et toujours ces voitures qui ____________________[15] (passer) à toute vitesse sans la voir et qui l' __________________________[16] (éclabousser, *nass spritzen*)! Elle ______________________[17] (se dire) alors qu'elle ______________________________[18] (aller être mouillée, *nass werden*) en moins de cinq minutes. C'est alors que le grand jeune homme brun _________________[19] (traverser) la chaussée à grandes enjambées *(Schritten)*. Maintenant, il _____________________[20] (se tenir) devant elle et ________________[21] (sourire) un peu gêné.

– J'ai un parapluie, ... enfin, si tu veux ... Tu vas où?

1 Agathe avait marché
2 elle était fatiguée
3 elle avait fini par
4 qui passaient
5 elle se demandait
6 ce qu'elle faisait
7 était-elle
8 Elle ne reconnaissait plus
9 elle était
10 qui menait
11 qui menaçaient
12 ont éclaté
13 ont commencé à tomber
14 Agathe a regardé
15 qui passaient
16 qui l'éclaboussaient
17 Elle s'est dit
18 qu'elle allait être mouillée
19 a traversé
20 il se tenait
21 souriait

143 Christine a des problèmes
(ce qui und ce que in der indirekten Frage)

Elle a des problèmes à l'école, à la maison, avec ses camarades de classe.
Mme Lagrange est professeur de littérature, en même temps, elle travaille comme psychologue au collège de Christine. Elle aimerait bien aider Christine; c'est pour cela qu'elle lui pose des questions.
Versetze dich in die Lage von Mme Lagrange, und stelle die Fragen. Entscheide dabei, ob die Frage mit *Qu'est-ce qui* ... oder *Qu'est-ce que* ... eingeleitet wird.

1 Mme Lagrange: ______________________________ (aimer faire) après que tu as terminé tes devoirs?

Christine: J'aime bien écrire mes idées et mes pensées dans mon journal intime.

2 Mme Lagrange: ______________________ t'a fait (avoir fait) de la peine *(Kummer)*?

Christine: Le départ de mon frère m'a fait de la peine.

3 Mme Lagrange: ______________________________ (ressentir, *fühlen*) quand tu discutes avec tes camarades de classe?

Christine: Je ressens une certaine *(gewisse)* agressivité.

4 Mme Lagrange: ______________________________ (intéresser qn) dans tes études à l'école?

Christine: C'est la littérature et la philosophie qui m'intéressent beaucoup.

5 Mme Lagrange: ______________________________ (proposer qc à qn)?

Christine: Mes parents me proposent de changer d'école.

6 Mme Lagrange: ______________________ t'énerve (énerver qn, *stören*) avant tout?

Christine: C'est la concurrence entre les élèves qui m'énerve avant tout.

7 Mme Lagrange: ______________________________ (faire peur à qn)?

Christine: L'avenir *(Zukunft)* me fait peur.

1 Qu'est-ce que tu aimes faire ...
2 Qu'est-ce qui t'a fait ...
3 Qu'est-ce que tu ressens ...
4 Qu'est-ce qui t'intéresse ...
5 Qu'est-ce que tes parents te proposent?
6 Qu'est-ce qui t'énerve ...
7 Qu'est-ce qui te fait peur?

144 Madame Lagrange
(ce qui und ce que in der indirekten Frage)

Mme Lagrange se fait des soucis.
Mme Lagrange connaît Christine depuis deux ans. Elle a bien vu qu'elle a des problèmes. Avant sa discussion avec Christine, elle réfléchit.
Wandle die direkten Fragen in indirekte um. Verwende folgende „Auslöser“:

Je me demande … – Je ne sais pas … – Je vais lui demander … – Je ne comprends pas … – Je voudrais bien savoir …

1 Qu'est-ce qu'elle aime bien faire après ses devoirs? ______________________________

2 Qu'est-ce qui lui a fait de la peine? ______________________________

3 Qu'est-ce qu'elle ressent quand elle discute avec ses camarades? ______________________________

4 Qu'est-ce qui l'intéresse dans ses études à l'école? ______________________________

5 Qu'est-ce que ses parents lui ont proposé? ______________________________

6 Qu'est-ce qui l'énerve avant tout? ______________________________

7 Qu'est-ce qui lui fait peur? ______________________________

1 Je me demande ce qu'elle aime bien faire …
2 Je voudrais bien savoir ce qui lui fait de la peine.
3 Je vais lui demander ce qu'elle ressent …
4 Je ne sais pas ce qui l'intéresse …
5 Je vais lui demander ce que ses parents …
6 Je ne comprends pas ce qui l'énerve …
7 Je me demande ce qui lui fait peur.

145 Un cadeau
(ce qui und ce que im Relativsatz)

Un cadeau pour l'anniversaire de Nicolas.
Ergänze im folgenden Text *ce qui* oder *ce que*.

La mère: Tu sais ________[1] on peut acheter à Nicolas pour son anniversaire?

Le père: Non, je ne vois pas du tout ________[2] peut lui faire plaisir. Une console de jeu électronique, peut-être?

La mère: Je ne vois pas ________[3] tu veux dire.

Le père: Mais si, c'est ________[4] le petit voisin a eu à Noël.

La mère: Un truc Nintendo? Ah, non! Appuyer *(drücken)* sur des touches *(Tasten)*, c'est tout ________[5] les jeunes savent faire maintenant! Pas question! Je suis contre tous ces jeux automatiques, électroniques ... Je suis pour ________[6] demande un peu d'intelligence, de réflexion et de poésie.

Le père: Oui, je sais ... Tu es pour ________[7] est culturel, intellectuel et naturel. On connaît la chanson. Mais voilà, ce n'est pas ________[8] les garçons de 14 ans aiment, c'est là tout le problème.

1 ce qu'
2 ce qui
3 ce que
4 ce que
5 ce que
6 ce qui
7 ce qui
8 ce que

Das Datum von heute __________

146 Un garçon débordé
(ce qui und ce que im Relativsatz)

Un garçon débordé. *(Ein gestresster Kellner.)*
Entscheide, ob du *ce qui, ce que, qui* oder *que* einsetzen musst.

1 _________ est bon est souvent cher.

2 Dis-moi _________ te plaît.

3 Je ne sais pas _________ nous allons prendre.

4 Dites-nous _________ va bien comme vin avec le poisson.

5 Prends _________ tu veux en dessert.

6 Garçon, le vin _________ vous nous avez servi n'est pas frais.

7 Ici, c'est bien le patron _________ fait la cuisine.

8 _________ j'aime n'est jamais au menu.

9 Garçon, ce n'est pas le plat _________ j'ai demandé!

10 Tout _________ vous apportez est déjà froid.

1 Ce qui
2 ce qui
3 ce que
4 ce qui
5 ce que
6 que
7 qui
8 Ce que
9 que
10 ce que

Das Datum von heute __________

147 Le journal intime
(ce qui und ce que in der indirekten Frage)

Avant sa discussion avec Mme Lagrange, Christine est très inquiète. Toutes sortes de questions lui passent par la tête. Elle les écrit dans son journal intime.
Forme ihre direkten Fragen in indirekte um.

1 Qu'est-ce qu'elle va me demander?
2 Qu'est-ce qui l'intéresse dans mon cas?
3 Qu'est-ce qu'elle pense de mes problèmes?
4 Qu'est-ce qu'elle va dire à mes parents?
5 Qu'est-ce qui l'a poussée *(gedrängt)* à discuter avec moi?
6 Qu'est-ce qu'elle va me proposer comme solution?
7 Qu'est-ce qui va se passer après la discussion?

Journal intime

1 J'aimerais savoir ______________________________

2 Je ne comprends pas ______________________________

3 Je me demande ______________________________

4 Je ne sais pas ______________________________

5 Je vais lui demander ______________________________

6 Je voudrais bien savoir ______________________________

7 Je me demande ______________________________

1 … ce qu'elle va me demander.
2 … ce qui l'intéresse dans mon cas.
3 … ce qu'elle pense de mes problèmes.
4 … ce qu'elle va dire à mes parents.
5 … ce qui l'a poussée à discuter avec moi.
6 … ce qu'elle va me proposer.
7 … ce qui va se passer après la discussion

Das Datum von heute __________

148 Le petit traducteur
(ce qui und ce que)

1 Zeige mir, was du gekauft hast.

____

2 Sind es die Schlüssel, die du vermisst *(chercher)?*

____

3 Er denkt sicherlich *(sûrement)* nicht, was er sagt.

____

4 Weißt du, wer eben angerufen hat *(venir de téléphoner)?*

____

5 Was mich stört *(déranger),* ist sein Schweigen *(silence m).*

____

6 Ich frage mich, wen er wohl *(bien)* in diesem Jugendzentrum *(M. J. C. f)* trifft.

____

____

7 Er versteht nie, was man ihm sagt.

____

1 Montre-moi ce que tu as acheté.
2 Est-ce que ce sont les clés que tu cherches?
3 Il ne pense sûrement pas ce qu'il dit.
4 Tu sais qui vient de téléphoner?
5 Ce qui me dérange, c'est son silence.
6 Je me demande qui il va bien rencontrer dans cette M. J. C.
7 Il ne comprend jamais ce qu'on lui dit.

Das Datum von heute __________

149 Un cas compliqué
(Infinitiv ohne Präpositon)

M. Steiner, un commissaire allemand, travaille avec son collègue, le commissaire Naigret. M. Steiner explique les détails d'un cas compliqué. Mais, il y a un problème ... la langue!
Stell dir vor, du bist sein Dolmetscher.

1 Er hat das Auto genommen und ist weggefahren, um Einkäufe zu machen.

____

2 Ich glaube nicht, seine Frau zu Hause anzutreffen.

____

3 Die Hausmeisterin hat zugesehen, wie seine Frau die Post (courrier *m*) geöffnet hat.

____

4 Ich verabscheue es, Menschen zu überwachen *(surveiller)*.

____

5 Er scheint zu verstehen, dass seine Frau sich in einer gefährlichen Situation befindet.

____

____

6 Aber ich wage noch nicht, diese Frau zu verhaften *(arrêter)*.

____

1 Il a pris la voiture et il est parti faire des courses.
2 Je ne pense pas rencontrer sa femme à la maison.
3 La concierge a vu sa femme ouvrir le courrier.
4 Je déteste surveiller des gens.
5 Il semble comprendre que sa femme se trouve dans une situation dangereuse.
6 Mais je n'ose pas encore arrêter cette femme.

Das Datum von heute __________

150 La correspondance mystérieuse
(Infinitiv mit à und de)

Le commissaire Naigret a reçu une disquette sans expéditeur *(Absender)*. Mais il n'arrive pas à comprendre le texte parce que les bouts de phrase ne correspondent pas. Un vrai puzzle!
Bringe die Sätze mit Hilfe der Infinitivanschlüsse in die richtige Reihenfolge und notiere sie anschließend auf einem Blatt Papier.

1 N'osez pas	**a)** de cacher vos autres affaires. On les connaît.
2 Il faut continuer	**b)** vos «clients» à se présenter à la police.
3 Nous avons bien vu	**c)** nous créer des problèmes.
4 Vous regrettez peut-être	**d)** de connaître quelques-uns de vos clients.
5 Nous sommes intéressés	**e)** votre complice sortir du garage.
6 Nous vous conseillons	**f)** de vous jouer un mauvais tour.
7 On a tout notre temps	**g)** à jouer cette comédie.
8 N'essayez pas	**h)** de garder le silence sur la disparition des 5 millions dans votre banque.
9 Nous pouvons obliger	**i)** d'avoir commis ce crime.

1 c **2** ___ **3** ___ **4** ___ **5** ___ **6** ___ **7** ___ **8** ___ **9** ___

1 c N'osez pas nous créer des problèmes.
2 g Il faut continuer à jouer cette comédie.
3 e Nous avons bien vu votre complice sortir du garage.
4 i Vous regrettez peut-être d'avoir commis ce crime.
5 d Nous sommes intéressés de connaître quelques-uns de vos clients.
6 h Nous vous conseillons de garder le silence sur la disparition …
7 f On a tout notre temps de vous jouer un mauvais tour.
8 a N'essayez pas de cacher vos autres affaires …
9 b Nous pouvons obliger vos «clients» à se présenter à la police.

151 Une journée infernale
(Infinitiv mit à und de)

Commissaire Naigret doit partir en voyage. Il explique à son assistant ce qu'il doit faire.
Wandle die Imperative in Infinitive um.
«Tapez ces quatre lettres. Surveillez Mme Clignot. Retrouvez cette jeune fille disparue depuis la semaine passée. Allez à l'hôpital St-Jean et interrogez l'agent de police blessé samedi soir. Vérifiez *(überprüfen)* toutes les informations dans l'affaire du sang contaminé *(verseuchtes Blut)*.»
Je ne sais pas comment je vais faire!!

1 Il me demande ______________________________ ces quatre lettres.

2 Je dois continuer ______________________________

3 Bien sûr, je vais essayer ______________________________

____

4 Ensuite, je vais passer ______________________________

____

5 Et quand est-ce que je vais m'occuper ______________________________

____

1 … de taper ces quatre lettres.
2 … à surveiller Mme Clignot.
3 … de retrouver cette jeune fille …
4 … à l'hôpital interroger l'agent de police blessé samedi soir.
5 … de vérifier toutes les informations du sang contaminé?

Das Datum von heute __________

152 Des professeurs entre eux
(laisser faire qc/faire faire qc)

Setze *laisser* oder *faire* sinngemäß ein.

A: Pendant la récréation, je ____________[1] courir les élèves. Ça leur fait du bien.

B: Oui, bien sûr; mais moi, je leur ____________[2] aussi nettoyer la cour.
Qu'est-ce qu'ils ____________[3] tomber comme papiers, boîtes, chewing-gum ...!

A: Ça c'est vrai. L'autre jour, je leur ai ____________[4] écrire une histoire avec le titre «Les éboueurs *(Müllmänner)* sont partis sur une autre planète»!

B: Vous savez, c'est la faute aux parents; ils ____________[5] les enfants faire ce qu'ils veulent.

A: Oui, mais c'est aussi la télévision qui ____________[6] croire aux jeunes que la vie est très facile.

B: On devrait leur ____________[7] voir de bons films à l'école.

A: Je pense comme vous. Mais notre proviseur est contre la télé à l'école.
Il ne nous ____________[8] pas travailler avec des films!!

1 fais
2 fais
3 laissent
4 fais
5 laissent
6 fait
7 faire
8 laisse

153 Agathe fait du baby-sitting
(laisser faire qc/faire faire qc)

Agathe s'occupe de deux enfants, un garçon de sept ans et une fille de cinq ans. La semaine prochaine, elle va partir pour quelques jours. Sa copine va la remplacer. Agathe lui explique comment elle fait.
Vervollständige Agathes Erklärungen mit Hilfe der Angaben am Rand. Setze jedes Mal, wenn es möglich ist, ein Objektpronomen ein.

1 «Dans un premier temps, je ______________________ — *laisser regarder/ des cassettes vidéos/ les enfants*
____
Ainsi je suis tranquille et je peux terminer mes devoirs.

2 Parfois *(manchmal)*, ______________________ — *laisser surfer sur Internet/ le garçon*
____
De toute façon, le vieux n'utilise jamais Internet.

3 S'il y en a un qui pleure, ______________________ — *faire descendre dans la cave*
____

4 Vers sept heures, ______________________ — *faire manger du riz/ les enfants*
____
Ils ne veulent jamais manger les plats de légumes que la mère a préparés.

5 Vers neuf heures, ______________________ — *faire prendre une douche*
____

6 Quand ils sont au lit, ______________________ — *laisser lire*
jusqu'à onze heures.

7 Parfois, la fille ne veut pas rester au lit. Alors, __________ — *faire coucher sous le lit*
____
Et tu vas voir, au bout de quelques secondes, mademoiselle rentre au lit et ne sort plus!!»

1 ... je laisse les enfants regarder des cassettes vidéo.
2 ... je laisse le garçon surfer sur Internet.
3 ... je le fais descendre dans la cave.
4 ... je fais manger du riz aux enfants.
5 ... je leur fais prendre une douche.
6 ... je les laisse lire ...
7 ... je la fais coucher sous le lit.

Das Datum von heute ___________

154 La mousse au chocolat
(Infinitive mit Präpositionen)

Verbinde beide Sätze, indem du eine Infinitivergänzung benutzt, die mit der angegebenen Präposition beginnt. Schreibe auf ein Extrablatt.

1 Vous voulez faire fondre le chocolat? Il faut préparer un bain-marie *(Wasserbad)*.
(pour)
Pour faire fondre le chocolat

2 Vous faites monter les blancs d'œufs en neige. Mais avant, vous séparez les blancs des jaunes. (avant)

3 Vous avez fait fondre le chocolat. Après vous ajoutez un peu d'eau. (après)

4. Ajoutez les jaunes d'œufs. Mais n'attendez pas trop longtemps. (sans)

5 Continuez votre préparation. Mais avant, prenez un autre saladier. (avant)

6 Versez la crème de chocolat dans ce saladier. Ajoutez après les blancs en neige par cuillère. (après)

7 Mélangez doucement la crème. Ainsi vous obtenez une mousse bien légère. (pour)

8 Vous avez terminé le mélange? Mettez la crème au frigidaire. (après)

Bon appétit!

1 Pour faire fondre le chocolat il faut préparer un bain-marie.
2 Avant de faire monter les blancs d'œufs en neige, vous séparez …
3 Après avoir fait fondre le chocolat, vous ajoutez …
4 Ajoutez les jaunes d'œufs sans attendre trop longtemps.
5 Avant de continuer votre préparation, prenez …
6 Après avoir versé la crème de chocolat dans ce saladier, ajoutez les blancs en neige …
7 Mélangez doucement la crème pour obtenir une mousse bien légère.
8 Après avoir terminé le mélange, mettez la crème …

155 Quel avenir pour Agathe? (Infinitive)

Agathe est en troisième au collège. Bientôt, elle va passer au lycée. Mais elle ne sait pas quel type de bac (calauréat) elle devrait choisir. Elle va voir M. Delvaux, conseiller pédagogique. Voici leur discussion.
Setze die richtigen Verbformen und die erforderlichen Infinitivergänzungen ein.

M. Delvaux: Eh bien, Agathe, qu'est-ce que tu __________[1] (penser) faire dans la vie?

Agathe: Vous savez, M. Delvaux, pour dire la vérité, j' ______________[2] (avoir envie) ne rien faire. Bien sûr, mes parents veulent m' ____________[3] (obliger) apprendre un métier sûr ... coiffeuse ou secrétaire.

M. Delvaux: Tes parents ________________[4] (avoir raison) s'occuper de ton avenir!

Agathe: Oui, mais je ____________[5] (préférer) me débrouiller toute seule. J'ai ______________[6] (apprendre) jongler, ___ marcher sur un fil, ___ faire quelques tours d'acrobatie. Je me suis ____________[7] (s'amuser) dresser notre chien.

M. Delvaux: Mmh, je te _______[8] (voir) déjà travailler dans un cirque ou un cabaret.

Ah merci, M. Delvaux, vous êtes quelqu'un qui ____________[9] (essayer) me comprendre. Mais dites-moi, comment est-ce que je vais ___________[10] (arriver) convaincre *(überzeugen)* mes parents?

M. Delvaux: Écoute, Agathe, __________[11] (il faut) être sérieux. À ton âge, moi aussi, j' ___________[12] (espérer) faire autre chose. Mais après le bac, j'ai compris. J'ai ___________[13] (arrêter) rêver et je ____________[14] (se mettre) faire des études. Bien sûr, tu ________________[15] (avoir le droit) avoir des projets fantaisistes ...

Agathe: Non, et non, je ne veux plus en ____________________[16] (entendre) parler. Vous aussi, vous m' __________________________[17] (empêcher) faire quelque chose d'intéressant.

M. Delvaux: Bon, Agathe, je ____________[18] (promettre) réfléchir à ton problème.

1 tu penses faire
2 j'ai envie de ne rien faire
3 m'obliger à apprendre
4 Tes parents ont raison de
5 je préfère me débrouiller
6 j'ai appris à jongler, à marcher sur un fil, à faire
7 Je me suis amusée à
8 Je te vois déjà travailler
9 quelqu'un qui essaie de me comprendre
10 je vais arriver à convaincre
11 il faut être
12 j'espérais faire
13 J'ai arrêté de rêver
14 je me suis mis à faire
15 tu as le droit d'avoir
16 entendre parler
17 vous m'empêchez de faire
18 je te promets de réfléchir

Das Datum von heute __________

156 Wie übersetzt man „lassen“? (Infinitive)

1 Ich lasse die Schüler ihre schriftlichen Arbeiten *(travaux écrits)* korrigieren.
2 Lassen Sie Ihr Kind nicht zu viel fernsehen.
3 Ich lasse meine Kinder das Zimmer aufräumen.
4 Meine Eltern lassen mich mit meinem Freund verreisen. Aber sie lassen mich die Reise bezahlen.
5 Seit 1992 lassen wir die Reisenden ohne Kontrolle passieren.
6 Wo sind die Sprayer *(les tagueurs)*? Lassen Sie sie hereinkommen.

1 Un professeur: ______________________________

2 Un conseil: ______________________________

____

3 Une mère: ______________________________

4 Une jeune fille: ______________________________

____

____

5 Un douanier: ______________________________

____

6 Un commissaire: ______________________________

1 Je fais corriger les travaux écrits aux élèves.
2 Ne laissez pas votre enfant regarder trop la télévision.
3 Je fais ranger la chambre aux enfants.
4 Mes parents me laissent partir en voyage avec mon copain. Mais ils me font payer le voyage.
5 Depuis 1992, nous laissons passer les voyageurs sans contrôle.
6 Où sont les tagueurs? Faites-les entrer.

Das Datum von heute ___________

157 Être secrétaire
(Infinitive)

Valérie vient d'avoir son diplôme. C'est sa première journée de travail. Son patron lui explique tout. Elle prend des notes *(mitschreiben)*. À quatre heures de l'après-midi, elle n'en peut plus. Sa tête lui tourne.
Verbinde die Aktivitäten jeweils mit der passenden Präposition *(avant, après, pour* oder *sans)* zu einer Infinitivkonstruktion.

1 mettre les lettres à la poste – classer les photocopies
2 poser les lettres sur son bureau – trier le courrier *(Post sortieren)*
3 donner des renseignements au téléphone – avoir moins de clients au bureau
4 poser des questions dans des cas difficiles – ne pas oublier de chercher des renseignements à l'ordinateur
5 organiser des conférences – prendre contact avec les chefs de départements *(Abteilungsleiter)*
6 prendre ma pause de midi – puis préparer du café pour le chef
7 ne pas rester trop longtemps en dehors de mon bureau – pouvoir répondre au téléphone
8 travailler vite – ne pas faire de fautes

1 Après avoir mis les lettres à la poste, je vais classer les photocopies.

2 *Avant* de poser les lettres sur son bureau, je vais trier le courrier.
3 Je vais donner des renseignements au téléphone *pour* avoir moins de clients au bureau.
4 Je pose des questions dans des cas difficiles *sans* oublier de chercher des renseignements à l'ordinateur.
5 *Avant* d'organiser des conférences, je vais prendre contact avec les chefs de départements.
6 *Après* avoir pris ma pause de midi, je vais préparer du café pour le chef. / *Avant* de prendre ma pause de midi, …
7 Je ne reste pas trop longtemps en dehors de mon bureau *pour* pouvoir répondre au téléphone.
8 Je vais travailler vite *sans* faire de fautes.

158 Que veut dire ...? (Voran- und Nachstellung)

Übersetze die folgenden Formen und kreuze dazu an, ob das Adjektiv vor oder nach dem Nomen steht. Vergiss nicht die richtigen Begleiter zu setzen.

	vor	nach	
1 im vorigen Monat	☐	☐	____________
2 eine bedauernswerte Familie	☐	☐	____________
3 alte Möbel	☐	☐	____________
4 zwei unterschiedliche Sachen	☐	☐	____________
5 ein sauberes Hemd	☐	☐	____________
6 eine üble Geschichte	☐	☐	____________
7 eine bösartige Person	☐	☐	____________
8 unser eigenes Auto	☐	☐	____________
9 ein regelrechtes Geschenk	☐	☐	____________
10 eine sichere Information	☐	☐	____________
11 sein einziger Freund	☐	☐	____________
12 ein verdammter Lügner	☐	☐	____________

	vor	nach	
1		x	le mois dernier
2	x		une pauvre famille
3		x	des meubles anciens
4		x	deux choses différentes
5		x	une chemise propre
6	x		une sale histoire
7		x	une personne méchante
8	x		notre propre voiture
9	x		un vrai cadeau
10		x	une information certaine
11	x		son seul ami
12	x		un sacré menteur

159 Un drôle de voisin …
(Voran- und Nachstellung)

Trage die Adjektive entsprechend der Regel bzw. ihrer Bedeutung an der richtigen Stelle vor oder hinter dem Nomen ein. Dabei musst du das Adjektiv natürlich dem Nomen, auf das es sich bezieht, angleichen.

Mme Grandcœur, une ________ locataire[1] ______________ au numéro 50 de l'avenue Coulaincourt est une ____________________ femme[2] __________________ . — vieux[1], très curieux[2]

Elle n'a jamais compris pourquoi son ___________ voisin[3] ________ ne sort presque jamais, ne reçoit pas de visites … rien. Mais maintenant elle sait: c'est un _________ homme[4] _________ . Il y a quelques années, il avait un ________ poste[5] _____________ dans la police; il était engagé dans la _________________ lutte[6] *(Kampf)* _____________________ contre la drogue. «Vous savez, la drogue, c'est une _______ affaire[7] __________ », raconte-t-il. «J'ai recherché un _________ homme[8] ________________ , qui employait des ____________ types[9] ____________ pour vendre ________________ sortes[10] ____________ de drogues. — nouveau[3], seul[4], important[5], dangereux[6], sale[7], très riche[8], pauvre[9], différent[10]

Ces ____________ gens[11] ________ étaient sous son contrôle parce qu'une fois qu'ils avaient commencé à prendre cette ______________ chose[12] ___________ ils en devenaient dépendants.» — jeunes[11], méchant[12]

1 une vieille locataire
2 une femme très curieuse
3 son nouveau voisin
4 un homme seul
5 un poste important
6 la lutte dangereuse/la dangereuse lutte
7 une sale affaire
8 un homme très riche
9 des pauvres types
10 différentes sortes
11 Ces jeunes gens
12 cette méchante chose

Das Datum von heute __________

160 Une coupe surprise
(Adjektive mit Ergänzungen)

Im linken Kasten findest du die Adjektive für diese Übung – und im rechten Kasten hast du einige Präpositionen zur Auswahl. In einigen Fällen musst du den unbestimmten Artikel hinzufügen.
Denke auch daran, die Adjektive den Nomen anzugleichen.

différent– fort – charmant – plein – célèbre – typique – étonné – comparable – jaloux – heureux – gentil – fidèle	de – de – pour – d' – de – à – de – avec – en – de – à – avec

1 La crêperie «Boule de neige» est _________ ______ ses glaces et _____ _______ ses crêpes, bien sûr.

2 Mais c'est une crêperie bien ______________ ______ autres cafés de la ville.

3 Chaque après-midi, elle est _________ _____ jeunes gens du lycée d'en face.

4 Ils sont _________ _____ patron qui est très _________ ________ eux.

5 Des coupes de glace énormes, des prix raisonnables *(vernünftig)*, de la musique qui plaît aux jeunes, tout ça c'est ___________ _____ _____ «Boule de neige».

6 En plus, cette crêperie est presque ______________ ____ une M. J. C.

7 Il ne faut pas être __________ _____ voir le patron en discussion avec les jeunes.

8 Autrefois *(früher)*, il était _______ _____ philosophie.

9 Parfois, sa femme est___________ _____ lui parce qu'il est trop ______________ _______ les jeunes filles qui ont des problèmes à la maison.

10 Bien sûr, les jeunes filles sont ______________ _____ avoir quelqu'un à qui parler.
Et puis, il y a des coupes surprise!!

1 célèbre pour ... et pour
2 différente des
3 pleine de
4 fidèles au / gentil avec
5 typique de la
6 comparable à
7 étonné de
8 fort en
9 jalouse de / charmant avec
10 heureuses d'

Das Datum von heute __________

161 Was passt zusammen?
(Adjektive mit Ergänzungen)

Quel adjectif correspond à quelle préposition?
Füge die Adjektive und Präpositionen richtig zusammen.

1 sévère	à
2 fort,e	de
3 comparable	avec
4 fier, fière	pour
5 caractéristique	en
6 fidèle	envers
7 poli,e	à
8 jaloux,se	de
9 célèbre	de

1 ____________________ 2 ____________________

3 ____________________ 4 ____________________

5 ____________________ 6 ____________________

7 ____________________ 8 ____________________

9 ____________________

1 sévère envers
2 fort,e en
3 comparable à
4 fier, fière de
5 caractéristique de
6 fidèle à
7 poli,e avec
8 jaloux,se de
9 célèbre pour

Das Datum von heute ____________

162 Le petit traducteur
(Adjektive)

Mme Grandcœur vertraut ihrer Freundin Mme Rioux einiges über ihren neuen Nachbarn an.

1 Er ist ein ehemaliger Kommissar, der für seinen Mut sehr berühmt war.

____

____

2 Er ist 55 Jahre alt.

____

3 Er war sehr streng gegenüber seinen Kollegen.

____

____

4 Er war immer sehr glücklich, den armen Schluckern *(types)* zu helfen.

____

____

5 Aber im vorigen Jahr hat er entdeckt, dass sein eigener Sohn Drogen verkauft.

____

____

6 Seit diesem Moment war er nicht mehr bereit, seinen Job *(boulot m)* weiterzumachen.

____

____

1 C'est un ancien commissaire qui était très célèbre pour son courage.
2 Il est âgé de 55 ans. / Il a 55 ans.
3 Il était très sévère envers ses collègues.
4 Il était toujours content de pouvoir aider les pauvres types.
5 Mais l'année dernière, il a découvert que son propre fils vend de la drogue.
6 Depuis ce moment-là, il n'était plus prêt à continuer son boulot.

Das Datum von heute ___________

163 Un couple ou une famille?
(ursprüngliche und abgeleitete Adverbien)

Manche der genannten Adverbien bilden inhaltlich Gegensatzpaare ⇔, andere lassen sich zu Familien mit drei oder vier Mitgliedern zusammenstellen. Ordne sie entsprechend, denn so kannst du sie dir am besten merken.

encore – parfois – mal – alors – tôt – aujourd'hui – peu – toujours – demain – ici – là – assez – ensuite – beaucoup – après – d'abord

1 ___________ souvent ___________

2 bien ⇔ ___________

3 ___________ ⇔ tard

4 hier ___________ ___________

5 ___________ ___________ partout

6 ___________ ___________ ___________ trop

7 avant ⇔ ___________

8 ___________ ___________ ___________ enfin

9 déjà ⇔ ___________

1 parfois – souvent – toujours
2 bien – mal
3 tôt – tard
4 hier – aujourd'hui – demain
5 ici – là – partout
6 peu – assez – beaucoup – trop
7 avant – après
8 alors – d'abord – ensuite – enfin
9 déjà – encore

Das Datum von heute __________

164 Pas de caprices
(ursprüngliche und abgeleitete Adverbien)

Fülle die Lücken aus.

	adjectif		adverbe	
	masculin	féminin	français	allemand
1	dur			
2			facilement	
3		jolie		
4	mauvais			
5	naturel			
6		évidente		
7	libre			
8			grièvement	
9	prudent			vorsichtig
10		relative		
11	gai			
12			vite	
13		brillante		
14	sérieux			
15	complet			

1	dur	dure	durement	hart
2	facile	facile	facilement	leicht
3	joli	jolie	joliment	hübsch
4	mauvais	mauvaise	mal	schlecht
5	naturel	naturelle	naturellement	natürlich
6	évident	évidente	évidemment	offensichtlich
7	libre	libre	librement	frei
8	grave	grave	grièvement	schwer
9	prudent	prudente	prudemment	vorsichtig
10	relatif	relative	relativement	relativ
11	gai	gaie	gaiement	lustig
12	rapide	rapide	vite	schnell
13	brillant	brillante	brillamment	glänzend
14	sérieux	sérieuse	sérieusement	ernst(haft)
15	complet	complète	complètement	vollständig

Das Datum von heute __________

165 À la plage
(ursprüngliche und abgeleitete Adverbien)

Für die folgende Übung sind die ursprünglichen Adverbien sowie die Adjektive, von denen du die Adverbien noch ableiten musst, vorgegeben. Deine Aufgabe ist es, die Adverbien sinngemäß und in der richtigen Form einzusetzen.

déjà – rapide – partout – complet – léger – trop – mauvais – sérieux – tôt – évident – vrai – grave – brusque – ensuite – direct – bruyant

Un vieux pêcheur raconte:

«Les touristes arrivent ________[1] le matin. ________________[2], ils descendent de leurs voitures. ______________[3], ils cherchent une place qui n'est pas ____________[4] à l'ombre *(Schatten)*. La plupart d'entre eux sont ____________[5] habillés ________________[6]. Ils se mettent __________________[7] au soleil. ________________[8], les habitants de la côte ne comprennent pas ce comportement. Ils savent que par un coup de soleil on peut tomber ________________[9] malade. Très __________[10], il y a des bouteilles, des sacs en plastique, des papiers ______________[11]. Surtout les jeunes ne savent ______________[12] pas se comporter. Ils mettent la nature ____________________[13] en danger. Et si, par exemple, un pêcheur réagit un peu __________________[14], ils le prennent ________[15].»

____________________[16] toqué *(bescheuert)* ce type!!

1 tôt
2 Bruyamment
3 Ensuite
4 trop
5 déjà
6 légèrement
7 directement
8 Évidemment
9 gravement
10 vite
11 partout
12 vraiment
13 sérieusement
14 brusquement
15 mal
16 Complètement

Das Datum von heute ___________

166 Tour de France
(Unterschied Adverb – Adjektiv)

Un reportage de la cinquième étape du Tour de France.
Unterstreiche im folgenden Text alle Adjektive und Adverbien mit zwei unterschiedlichen Farben und bestimme dann ihre Funktion im Satz.
Das Adjektiv kann prädikativ (a) oder attributiv (b) gebraucht werden. Das Adverb dient zur näheren Beschreibung eines Verbs (a), eines Satzes (b), eines anderen Adverbs (c) oder eines Adjektivs (d).

		adjectif		adverbe			
		a	b	a	b	c	d
1	La cinquième étape du Tour de France paraissait difficile.						
2	Le Belge a brillamment défendu le maillot jaune.						
3	Les coureurs antillais* se sont bien battus.						
4	Physiquement, ils sont assez forts.						
5	Espérons que le temps reste stable.						
6	Maintenant, il faut attaquer la haute montagne.						
7	C'est là où les coureurs vont vraiment souffrir.						
8	Ces étapes seront effectivement dures.						
9	La victoire (Sieg) dans la montagne peut être décisive.						
10	On va voir si le Belge restera toujours favori.						

* die Fahrer aus den Antillen

		adjectif	adverbe
1	difficile	a	
2	brillamment		b
	jaune	a	
3	antillais	b	
	bien		a
4	physiquement		b
	assez		d
	fort	a	
5	stable	a	

		adjectif	adverbe
6	maintenant		b
	haute	b	
7	vraiment		a
8	effectivement		d
	dures	a	
9	décisive	a	
10	favori	a	
	toujours		d

Das Datum von heute ___________

167 Wortverbindungen
(adverbial gebrauchte Adjektive)

Die Wortverbindungen sind hier nicht alle richtig. Berichtige – wenn notwendig – entweder das Verb oder das als Adjektiv gebrauchte Adverb.

	juste	faux	corrigé
1 gagner facile	☐	☐	______________
2 acheter faux	☐	☐	______________
3 parler français	☐	☐	______________
4 aller mauvais	☐	☐	______________
5 chanter fort	☐	☐	______________
6 sentir dur	☐	☐	______________
7 coûter gros	☐	☐	______________
8 être bon marché	☐	☐	______________

1 f gagner facilement
2 f acheter cher / acheter français
3 j
4 f aller mal
5 j
6 f sentir mauvais
7 f coûter cher /gagner gros
8 j

Das Datum von heute __________

168 C'est toi, l'interprète!
(Adverbien)

Anlässlich der Tour de France wird auch ein deutscher Radsportler interviewt. Für das französische Fernsehen muss das Interview natürlich übersetzt werden. Achte beim Übersetzen darauf, ob die Sätze Adjektive oder Adverbien enthalten und welche Stellung diese im Satz einnehmen.

1 Diese Etappe war für mich eine große Anstrengung *(effort m)*.

____

2 Ich habe mit dem zehnten Platz absolut nicht gerechnet. *(mit etwas rechnen, hier: espérer qc)*

____

3 Das Tempo *(vitesse f)* war gleichmäßig *(constant)* schnell.

____

4 Direkt (juste) vor mir hat sich ein Fahrer *(coureur m)* schwer verletzt.

____

5 Glücklicherweise konnte ich ausweichen *(éviter qn)*.

____

6 Meine Mannschaft *(équipe f)* ist wirklich stolz auf mich.

____

7 Morgen werde ich früh aufstehen, um für die sechste Etappe in Form zu sein.

____

____

1 Cette étape a été un gros effort pour moi.
2 Je n'espérais absolument pas arriver à la dixième place.
3 Le rythme a été constamment rapide.
4 Juste devant moi, un coureur s'est grièvement/gravement blessé.
5 Heureusement, j'ai pu l'éviter.
6 Mon équipe est vraiment fière de moi.
7 Demain, je vais me lever tôt pour être en forme pour la sixième étape.

Das Datum von heute ____________

169 Elle et lui
(Futur I)

Tu m'aimeras toujours?

Elle: Tu m' ____________ [1] (écrire)?

Lui: Mais oui, je t' ____________ [2] (écrire)!

Elle: Tu ____________ [3] (penser) à m'appeler?

Lui: Quelle question! Je t' ____________ [4] (appeler).

Elle: Tu ____________ [5] (ne pas oublier) de donner la lettre de mes parents à tes parents avec leur invitation pour Noël?

Lui: Tu penses bien que je ____________ [6] (ne pas oublier).

Elle: Tu crois *(glauben)* qu'ils ____________ [7] (dire) oui?

Lui: Je vais tout faire pour: Je ____________ [8] (travailler) mieux.

Je ____________ [9] (ne pas sortir), je ____________ [10] (ne plus jouer) avec mes jeux électroniques,

j' ____________ [11] (arrêter) le foot.

Cette année, quand mon bulletin *(Zeugnis)* ____________ [12] (arriver), mes notes ____________ [13] (étonner, erstaunen) mes vieux et ils ____________ [14] (dire) amen à tout ce que je leur ____________ [15] (demander)!

1 Tu m'écriras
2 je t'écrirai
3 Tu penseras
4 Je t'appellerai
5 Tu n'oublieras pas
6 je n'oublierai pas
7 ils diront
8 Je travaillerai
9 Je ne sortirai pas
10 je ne jouerai plus
11 j'arrêterai
12 mon bulletin arrivera
13 mes notes étonneront
14 ils diront
15 je leur demanderai

Das Datum von heute __________

170 Au théâtre
(Futur I)

M. et Mme Lehaut vont au théâtre.
Avant de sortir, ils font leurs recommandations aux enfants.

1 Vous n' ________________ (ouvrir) à personne.

2 Vous ______________ (mettre) la chaîne devant la porte.

3 Toi, Benjamin, tu ______________________________ (ne pas regarder) la télé jusqu'à minuit.

4 Et toi, Nathalie, tu ____________________________ (ne pas bloquer) la salle de bains pendant des heures.

5 Les garçons, vous ___________________ (mettre) la table avec votre sœur.

6 Et vous __________________________ (ne pas oublier) de préparer vos cartables pour demain.

7 Nous ________________ (rentrer) vers minuit et si je vous vois encore debout à notre retour, je _________________ (se fâcher).

1 Vous n'ouvrirez
2 Vous mettrez
3 tu ne regarderas pas
4 tu ne bloqueras pas
5 vous mettrez
6 vous n'oublierez pas
7 Nous rentrerons / je me fâcherai

171 Votez pour moi!
(Futur I)

Um der Politikverdrossenheit bei den Jugendlichen entgegenzuwirken, haben manche französische Gemeinden einen Gemeinderat für Kinder *(un conseil municipal pour enfants)* eingerichtet. Bei den Wahlen der Mitglieder geht es genauso zu wie bei den professionellen Politikern. Hier ein Auszug aus einer Wahlkampfrede. Setze die folgenden Verben ins Futur I.

1 «Vous ______________________________ (ne pas le regretter).

2 Ensemble, nous ____________________ (organiser) des réunions tous les mois.

3 Je _______________________ (savoir répondre) à vos questions.

4 Tous les mercredis, il y __________ (avoir) des films à la M. J. C. pour les enfants.

5 Ensemble, les adultes ________________________________ (devoir nous écouter).

6 Chaque mois, je vous __________________ (envoyer) un rapport de mes activités.

7 Vous _______________________ (s'apercevoir, einsehen) vite que je __________ (être) un bon représentant pour vous.

8 Bref, je _________________ (tenir) mes promesses.

9 C'est pourquoi, j'en suis sûr, vous __________________ (voter) tous pour moi demain.»

1 Vous ne le regretterez pas
2 nous organiserons
3 je saurai répondre
4 il y aura
5 les adultes devront nous écouter
6 je vous enverrai
7 Vous vous apercevrez / je serai
8 je tiendrai
9 vous voterez

Das Datum von heute ___________

172 Le futur antérieur
(Futur II)

Vervollständige die Sätze mit dem Futur II der angegebenen Verben.

1 Je vous rendrai vos compositions dès que je les ______________________________ (corriger).

2 Téléphone-moi aussitôt que tu ________________________ (arriver).

3 Laissez tout cela traîner (herumliegen). Je rangerai quand vous ______________ ____________ (partir).

4 Quand tu _____________________ (passer) l'aspirateur dans ta chambre, tu descendras la poubelle.

5 Mademoiselle, quand vous _______________________ (terminer) les lettres, vous téléphonerez à M. Duterme.

6 Il n'aura la permission de sortir que lorsqu'il _______________________ (finir) ses devoirs.

7 Dès que nous _______________________ (recevoir) notre commande *(Bestellung)*, nous vous enverrons le chèque.

1 je les aurai corrigées
2 tu seras arrivé,e
3 vous serez parti(e)s
4 tu auras passé
5 vous aurez terminé
6 il aura fini
7 nous aurons reçu

Das Datum von heute ___________

173 Test
(Futur I)

Kreuze an, ob die konjugierten Verbformen richtig oder falsch sind, und korrigiere sie, wo nötig.

			juste	faux	corrigé
1	descendre	je descendrai	☐	☐	___________
2	savoir	tu saveras	☐	☐	___________
3	répéter	nous répéteront	☐	☐	___________
4	falloir	je faudrai	☐	☐	___________
5	pleuvoir	il pleuvra	☐	☐	___________
6	être	ils seront	☐	☐	___________
7	mettre	vous metterez	☐	☐	___________
8	peser	elles pèseront	☐	☐	___________
9	dormir	je dormai	☐	☐	___________

1 j
2 f tu sauras
3 f nous répéterons
4 f il faudra
5 j
6 j
7 f vous mettrez
8 j
9 f je dormirai

Das Datum von heute ___________

174 Verben ergänzen
(Futur I)

Ergänze das Futur I der folgenden Verben.

regarder	prendre	boire
je ___	tu ___	il ___
nous ___	vous ___	elles ___
aller	**courir**	**tenir**
tu ___	il ___	elle ___
vous ___	nous ___	ils ___
envoyer	**vendre**	**conduire**
j' ___	tu ___	il ___
nous ___	vous ___	elles ___
préférer	**lire**	**réfléchir**
je ___	tu ___	il ___
nous ___	vous ___	ils ___

je regarderai
nous regarderons

tu iras
vous irez

j'enverrai
nous enverrons

je préférerai
nous préférerons

tu prendras
vous prendrez

il courra
nous courrons

tu vendras
vous vendrez

tu liras
vous lirez

il boira
elles boiront

elle tiendra
ils tiendront

il conduira
elles conduiront

il réfléchira
ils réfléchiront

Das Datum von heute __________

175 Première journée de vacances (Futur I und II)

Première journée de vacances de Christophe.
Ergänze das Futur I oder II.
Christophe se lève.

Christophe: Bon, d'abord, une bonne douche.

La mère: Christophe, quand tu auras pris ta douche, tu iras chez le boulanger. Et puis, quand tu ________________[1] (revenir), tu ____________________[2] (ne pas oublier) que c'est le jour des poubelles *(Tag der Müllabfuhr)*.

Christophe: Oh, doucement! Minute! Je veux bien, mais quand j' _______________[3] (prendre) mon petit déjeuner.

La mère: Entendu, mais voilà, pour le petit déjeuner, passe chez le boulanger. Moi, je file au travail. Mais quand je ________________[4] (revenir), je ne veux plus voir ce désordre dans ta chambre. Sinon, tout _____________[5] (aller) à la poubelle.

Christophe: Ma mimoune, ne te fâche pas! Laisse-moi souffler un peu. J' ___________[6] (avoir) toujours le temps quand je ________________________[7] (se reposer) quelques jours. Ne me stresse pas comme les profs! Je suis en vacances!

La mère: Stress relatif quand on connaît tes notes. Quand tes grands-parents les ______________________________________[8] (voir), je ne suis pas sûre qu'ils te ____________________[9] (donner) de l'argent de poche. Ton examen de rattrapage *(Nachprüfung)* est en septembre et tu _________________________[10] (ne pas partir) avant de revoir tes cours. Et pour aujourd'hui, mon petit chéri, tu ne ___________________[11] (sortir) avec tes copains que quand tu ________________ __________[12] (ranger) ta chambre et que ton père et moi, nous ________________ __________[13] (contrôler). C'est compris?

1 tu seras revenu
2 tu n'oublieras pas
3 j'aurai pris
4 je serai revenue
5 tout ira
6 j'aurai
7 je me serai reposé
8 tes grands-parents les auront vues
9 ils te donneront
10 tu ne partiras pas
11 tu ne sortiras
12 tu auras rangé
13 nous aurons contrôlé

Das Datum von heute __________

176 Sur les bancs publics ...
(Konditional I)

Setze die folgenden Verben ins Konditional I.

Elle: ... On ______________[1] (habiter) dans une grande maison au bord de la mer. On __________[2] (avoir) cinq enfants qui ____________________________[3] (jouer) dans le jardin.

Lui: Cinq! Ça __________[4] (faire) quand même beaucoup! Disons, deux ...

Elle: Nous ______________[5] (avoir) des animaux pour les enfants.

Elle: Toi et les garçons, vous __________[6] (aller) à la pêche et moi, je _____________[7] (faire) pousser des légumes dans le jardin. Nous _______________________[8] (se nourrir, *sich ernähren*) des produits de la ferme. Tu __________________[9] (élever, *züchten*) des moutons. Avec leur laine *(Wolle)*, je vous ______________________[10] (tricoter, *stricken*) des pulls. Peut-être même que je________________[11] (pouvoir) vendre mes pulls au marché. Il _________________[12] (ne pas y avoir) de télévision chez nous. Nous _________________[13] (vivre, *leben*) en harmonie avec la nature. On __________________[14] (se lever) avec le soleil et on ___________________[15] (se coucher) avec le soleil. On ______________________[16] (ne plus être) esclave *(Sklave)* de la technique et du confort, on ...

Lui: Ecoute, Brigitte, j' _______________[17] (aimer) beaucoup qu'on reste ensemble, mais je te le dis tout de suite, je ____________________[18] (ne pas pouvoir) vivre sans Minitel, sans mon ordinateur et sans TGV (train à grand vitesse).

Et puis, mon chef me propose un poste de directeur des ventes à New York. Tu ________________[19] (venir) avec moi? Là-bas, on _______________[20] (pouvoir) ...

1 On habiterait
2 On aurait
3 cinq enfants ... joueraient
4 Ça ferait
5 Nous aurions
6 vous iriez
7 je ferais
8 Nous nous nourririons
9 Tu élèverais
10 je vous tricoterais
11 je pourrais
12 il n'y aurait pas
13 Nous vivrions
14 On se lèverait
15 on se coucherait
16 On ne serait plus
17 j'aimerais
18 je ne pourrais pas
19 Tu viendrais
20 on pourrait

Das Datum von heute __________

177 Le jour de gloire (Konditional II)

Agathe n'a guère eu la tête à ses études cette année. Elle devra redoubler.
Ses parents viennent de recevoir son bulletin et le lisent. Les reproches et les conseils pleuvent.
Setze die Verben ins Konditional II.

Les parents: Élève douée *(begabt)*, mais paresseuse.

Le père: Trois notes insuffisantes en géographie, biologie et allemand. Des matières où il faut apprendre. Je l'avais dit! Jamais nous n' ______________[1] (devoir) lui permettre de partir trois semaines en classe de neige.

Elle ______________[2] (travailler) davantage. Cette catastrophe ______________[3] (peut-être ne pas arriver).

Agathe: Je n'avais pas la tête au travail cette année. Cela ______________[4] (arriver) tout pareil. Ce ne sont pas trois petites semaines enfermée au bahut *(Penne)* qui ______________[5] (changer) quelque chose au problème fondamental.

La mère: Tu ______________[6] (pouvoir) philosopher un peu plus tôt.

Tu ______________[7] (devoir) réduire tes activités: SOS racisme, le théâtre, le sport, déléguée de classe, c'est trop!

Le père: À ta place, j' ______________[8] (faire) un choix: sport et déléguée de classe.

Ça ______________[9] (être) suffisant.

Agathe: Et vous ______________[10] (se plaindre, *sich beklagen*) que je ne m'intéresse pas à la culture et à la politique! Et puis mes profs ______________[11] (me donner) de mauvaises notes quand même car ils n'aiment pas mon look!

1 nous n'aurions dû
2 Elle aurait travaillé
3 ne serait peut-être pas arrivée
4 Cela serait arrivé
5 qui auraient changé
6 Tu aurais pu
7 Tu aurais dû
8 j'aurais fait
9 Ça aurait été
10 vous vous seriez plaints
11 mes profs m'auraient donné

Das Datum von heute __________

178 Welche Funktion?
(Gebrauch des Konditionals)

Untersuche die Funktion des Konditional I und trage die entsprechende Bezeichnung ein (Tm = Tempus mit modaler Wertigkeit, Tr = reines Tempus).

Tm 1	Höfliche Form einer Bitte, einer Aufforderung, einer Frage, eines Vorschlages, eines Wunsches
Tm 2	Vorsichtige Information
Tm 3	Annahme oder Vermutung
Tm 4	Möglichkeit der Gegenwart oder Zukunft
Tm 5	Bedingung
Tr	Nachzeitigkeit in der Vergangenheit

1 Il est parti à 14 heures, donc il devrait arriver à 17 heures. ________

2 Pourriez-vous m'ouvrir la porte? ________

3 Il m'a dit qu'il partirait dans deux jours. ________

4 Nous devrions réfléchir sérieusement à un autre système de notes. ________

5 À ta place, je l'enverrais en Angleterre passer ses vacances. ________

6 On pourrait inviter les Mouchel à dîner. ________

7 Au cas où tu prendrais le métro, achète-toi des tickets. ________

8 Et tu viendrais en voiture malgré le verglas *(Glatteis)!* ________

9 Tu me ferais ça? ________

10 Je vous serais très reconnaissante *(dankbar)* de bien vouloir m'envoyer le catalogue commandé. ________

11 Au cas où je ne serais pas là, tu pourrais toujours laisser un message sur le répondeur *(Anrufbeantworter)*. ________

12 Avec ta grippe, je ne fumerais pas. ________

13 Il y aurait une trentaine de victimes *(Opfer)*. ________

14 Tu viendras? Non? Mais il y a deux jours, tu m'as dit que tu viendrais! ________

1 Tm3 **2** Tm1 **3** Tr **4** Tm1 **5** Tm4/Tm1
6 Tm1 **7** Tm5 **8** Tm3 **9** Tm1/Tm4 **10** Tm1
11 Tm5/Tm3 **12** Tm1 **13** Tm2 **14** Tr

Das Datum von heute __________

179 L'argent de poche (Konditional)

Agathe essaie d'augmenter *(hier: aufbessern)* son argent de poche avec le baby-sitting, mais pas à n'importe quel prix. Mademoiselle a des exigences *(Ansprüche)*. La voici qui négocie *(verhandeln)* au téléphone.
Setze die Verben ins Konditional.

– Oui, ... Ce ____________[1] pour quand? — être

– Mouais ... Et combien vous me ________________________[2] pour la soirée? — payer

– Et qu'est-ce qu'il ________________________[3] faire exactement? — falloir

– Bon, bon ... Dites, ce jour-là, il ________________________[4] la série «Brigitte et les garçons» sur le Super Canal? — ne pas y avoir

– Ah, vous n'avez pas de décodeur ... Vous comprenez, c'est embêtant, parce qu'après, pour comprendre la suite ...
Et vous ____________[5] des cassettes vidéo du style «Le retour de Trombinator»? — avoir

– Non plus ... Alors, je ______________[6] peut-être apporter mes cassettes d'horreur? — pouvoir

– Ça ______________[7] peur au petit? Mais, au fait, il a quel âge? — faire

– Quatre ans! Mouais ... Dites, j'ai une idée. Vous ne ________________ ______[8] pas chez nous avec le gamin (enfant), enfin ... votre enfant? — venir

– Ce ___________________[9] plus pratique? Comme ça, je — être
___________________[10] ma série ... — suivre

– Au cas où il __________________[11], bien sûr ... — dormir

– Non, ça ne vous _________________[12] pas, comme solution *(Lösung)*? — plaire

1 Ce serait
2 vous me paieriez (payeriez)
3 il faudrait faire
4 il n'y aurait pas
5 vous auriez
6 je pourrais
7 Ça ferait
8 Vous ne viendriez pas
9 Ce serait
10 je suivrais
11 il dormirait
12 ça ne vous plairait pas

Das Datum von heute __________

180 Dites-le avec des fleurs
(Konditional)

Drücke dich höflich und zurückhaltend aus.

1 Du möchtest einen Orangensaft.

Je/prendre/ ______________________________

2 Du würdest gern ins Kino gehen.

Je/aller volontiers/ ______________________________

3 Du rätst deiner Mutter, einen anderen Pulli anzuziehen.

Tu/devoir plutôt/ ______________________________

4 Du fragst einen Unbekannten nach der „rue Zola“.

Vous/pouvoir/______________________________

5 Du sagst dem Klassenlehrer, dass ihr es vorzieht, Comics *(bandes dessinées f)* zu lesen.

Nous/préférer/ ______________________________

1 Je prendrais un jus d'orange.
2 J'irais volontiers au cinéma.
3 Tu devrais plutôt mettre un autre pull.
4 Vous pourriez me dire où est la rue Zola?
5 Nous préférerions lire des bandes dessinées.

Das Datum von heute __________

181 Le petit traducteur
(Konditional)

1 Falls ich nicht da bin, klingle bei der Nachbarin.

____

____

2 Hätte sie mehr gearbeitet, hätte sie die Prüfung bestanden.

____

____

3 Ohne diesen Unfall wären wir rechtzeitig angekommen.

____

____

1 Au cas où je ne serais pas là, sonne chez la voisine.
2 En travaillant davantage, elle aurait réussi son examen/elle aurait réussi à son examen.
3 Sans cet accident nous serions arrivés à temps.

182 Plus d'argent de poche
(das reale Bedingungsgefüge)

Gaëlle demande plus d'argent de poche, mais ses parents ne sont pas d'accord. Ergänze die Verben in der richtigen Zeit.

1 Le père: Si on te ________________ (donner) déjà maintenant cinquante euros, tu ne ________________________________ (comprendre) jamais ce que c'est que gagner de l'argent.

2 Gaëlle: Bientôt je ne ________________________ (pouvoir) même pas acheter mon billet mensuel *(Monatskarte)*, si vous m' ______________________ (accorder) juste trente euros.

3 La mère: Si tu ___________ (acheter) un peu moins de fringues *(Klamotten)*, comme tu dis, tu ___________ (avoir) encore plus d'argent pour les choses vraiment importantes!

4 Gaëlle: Si vous me _______________ (payer) le coupon mensuel *(Monatsmarke)*, j' __________ (aller) plus souvent m'acheter un bon livre pour l'école.

5 La mère: Si tu _________ (faire) des économies, cela te ___________________ (permettre) d'avoir une plus grande somme à ta disposition.

6 Gaëlle: Et si je ne _____________________ (pouvoir) même pas faire des économies?!

7 Le père: Mmh ... alors, on ___________ (parler) à nouveau d'une augmentation de ton argent de poche, si pour la fin du mois tu __________ (obtenir) des notes au-dessus de la moyenne. Gaëlle: Ah, vous m'embêtez! Toujours le même refrain!

8 Le père: Écoute, Gaëlle, si tu _____________ (continuer) comme ça, on __________ __________ (diminuer) le montant – pas de problème!

9 La mère: Je _____________ (trouver) peut-être une solution, si seulement vous _____________ (arrêter) de vous disputer!

1 on te donne / tu ne comprendras jamais
2 je ne pourrai même pas / vous m'accordez
3 tu achètes / tu auras
4 vous me payez / j'irai
5 tu fais / cela te permettra
6 je ne peux même pas
7 on parlera / tu obtiens
8 tu continues / on diminuera
9 je trouverai / vous arrêtez

Das Datum von heute __________

183 Si – quand – si? (konditional mit si/temporal mit quand)

Ergänze die sinngemäß richtige Konjunktion und setze die angegebenen Verben in die richtige Zeit.

1 Maman, quand j' aurai (avoir) 18 ans, ______________ (partir) tout de suite d'ici.

2 Gaëlle, ______________ tu ______________ (trouver) la possibilité de le faire, personne ne te ______________ (retenir).

3 Je me demande ______________ je ne ______________ (devoir) pas commencer un petit boulot. Sylvie le fait déjà, elle travaille comme baby-sitter.

4 Papa ne ______________ (être) certainement pas content, ______________ tu ne ______________ (se concentrer) pas entièrement sur l'école.

5 Il se contredit. ______________ je ______________ (demander) un peu plus d'argent, il me ______________ (reprocher) de ne pas savoir ce que c'est que gagner de l'argent; mais je ______________ je ______________ (être) décidée à gagner de l'argent, il n' ______________ (être) pas d'accord.

6 Mmh ..., je ______________ (se demander) si ma collègue à la biliothèque ______________ (pouvoir) nous aider. ______________ tu y ______________ (ranger) des livres par exemple, tu en ______________ (profiter) pour trouver des livres intéressants pour l'école.

7 Oh, maman, ce serait super!! ______________ nous ______________ (avoir) les mêmes horaires de travail, on ______________ (rentrer) ensemble. Et ______________ je ______________ (recevoir) mon premier salaire, je t' ______________ (inviter).

1 quand j'aurai / je partirai
2 si tu trouves / ne te retiendra
3 si je ne devrais pas commencer
4 Papa ne sera / si tu ne te concentres pas
5 Quand je demande / il me reproche / si je suis décidée / il n'est pas
6 Je me demande / si ma collègue – pourrait nous aider / Si tu y ranges / tu profiteras
7 Si nous avons / on rentrera / quand je recevrai / je t'inviterai.

Das Datum von heute ___________

184 Rêves et réalité
(das irreale Bedingungsgefüge)

Formuliere irreale Bedingungsgefüge. Ein Tipp: Bilde dazu vom Inhalt des ersten Satzes immer das Gegenteil.

Réalité	Rêves
1 Nous n'avons pas d'argent.	faire un voyage autour du monde

Si nous avions de l'argent, nous ferions un voyage autour du monde.

2 Je n'ai pas encore 18 ans.	pouvoir conduire la voiture de papa

____

____

3 Christiane et Claude n'ont pas eu leur sac de couchage.	rester la nuit chez les copains

____

____

4 La secrétaire n'a pas d'ordinateur.	taper les lettres en peu de temps

____

____

5 Françoise ne connaissait personne du comité de fête.	pouvoir participer au bal

____

____

2 Si j'avais déjà 18 ans, je pourrais conduire la voiture de papa.
3 Si Christiane et Claude avaient eu leur sac de couchage, ils seraient restés chez les copains.
4 Si la secrétaire avait un ordinateur, elle taperait les lettres en peu de temps.
5 Si Françoise avait connu quelqu'un du comité de fête, elle aurait pu participer au bal.

Das Datum von heute ___________

185 „Allein stehende“ si-Sätze
(das irreale Bedingungsgefüge)

In der gesprochenen Sprache findet man häufiger „allein stehende“ *si*-Sätze im *imparfait:* Sie drücken einen Vorschlag aus, bei dem die Folge – der Hauptsatz – mitgedacht, aber nicht ausgesprochen wird. (Die Erfüllung der Bedingung ist in diesen Sätzen übrigens nicht ausgeschlossen.)

Et si on **faisait** encore un petit tour en ville? (... ce serait sympathique, n'est-ce pas?)

Formuliere solche Vorschläge.

1 à ton grand frère/ta grande sœur → expliquer les devoirs de maths à qn

Et si tu m'expliquais les devoirs de maths?

2 à ta copine → manger une glace ensemble

____

3 à tes amis → aider à préparer une boum

____

4 à tes parents → faire un pique-nique ensemble

____

5 à ton chien qui aboie *(bellt)* → se taire

____

6 à ton petit frère/ta petite sœur → laisser dormir (qn)

____

7 à tes camarades de classe → demander ensemble au professeur de faire une excursion

____

2 Et si on mangeait une glace?
3 Et si vous m'aidiez à préparer une boum?
4 Et si on faisait un pique-nique ensemble?
5 Et si tu te taisais?
6 Et si tu me laissais dormir?
7 Et si on demandait au professeur de faire une excursion ensemble?

Das Datum von heute __________

186 Sinnvolle Sätze (Konditional)

Verbinde die Gliedsätze so, dass sie einen Sinn ergeben und auch der richtigen Zeitenfolge entsprechen. Notiere die richtigen Satzgefüge anschließend auf einem Blatt Papier.

1 Si mes parents habitaient à Grenoble,
2 J'achèterai une voiture et un ordinateur,
3 Si je n'avais pas eu tant de collègues aimables,
4 Quand mon grand-père fêtera ses 80 ans,
5 J'écrirais un roman,
6 Si mes parents étaient plus libéraux,
7 Je saurais conduire un avion,
8 Je me demande,
9 S'il n'y avait pas le bac à préparer,
10 Je ne sais pas

a) il recevra certainement beaucoup de cadeaux.
b) si mes parents me comprennent.
c) je pourrais faire ce que je voudrais.
d) j'aurais le temps de sortir avec mes copines.
e) si à l'âge de 16 ans on peut déjà ouvrir un compte.
f) quand je gagnerai mes 10 000 balles (francs) par mois.
g) je passerais toutes mes vacances à faire du ski.
h) si mon père était millionnaire.
i) j'aurais changé de métier.
k) si je faisais moins de fautes de grammaire.

1	2	3	4	5	6	7	8	9	10
g									

2 f J'achèterai une voiture et un ordinateur, quand je gagnerai …
3 i Si je n'avais pas eu tant de collègues aimables, j'aurais changé …
4 a Quand mon grand-père fêtera ses 80 ans, il recevra …
5 k J'écrirais un roman, si je faisais …
6 c Si mes parents étaient plus libéraux, je pourrais faire …
7 h Je saurais conduire un avion, si mon père était …
8 b Je me demande, si mes parents me comprennent.
9 d S'il n'y avait pas le bac à préparer, j'aurais le temps …
10 e Je ne sais pas, si à l'âge de 16 ans on peut …

Das Datum von heute __________

187 Comment réagirais-tu?
(Konditional)

Wie reagierst du in den folgenden Situationen? Formuliere mit Hilfe der farbig gedruckten Stichworte deine Ratschläge und benutze das richtige Bedingungsgefüge.

1 À la discothèque: ton copain (19 ans) a déjà bu trois bières. Maintenant il veut prendre le volant pour te reconduire à la maison. prendre le volant/risquer d'avoir un accident

Si tu prends le volant, ____________________

2 Tes amis voulaient partir en vacances avec toi, mais finalement ils sont restés à la maison. ne pas être resté à la maison/avoir fait une excursion en bateau à voile

Si vous ____________________

____

3 Ta copine ne sait pas lire le plan de Paris. Vous cherchez la tour Eiffel, mais vous arrivez au Louvre. avoir su lire le plan/être arrivé à la tour Eiffel

____

4 Ta mère a 39° de température. Elle ne veut pas rester au lit. ne pas rester au lit/être encore plus malade

____

5 Tu as envie d'aller à la piscine avec tes amis, tu leur fais la proposition.

Et si ____________________

1 Si tu prends le volant, tu risques d'avoir un accident.
2 Si vous n'étiez pas restés à la maison, on aurait fait une excursion en bateau à voile.
3 Si tu avais su lire le plan, on serait arrivés à la tour Eiffel.
4 Si tu ne restes pas au lit, tu seras encore plus malade.
5 Et si on allait à la piscine?

188 Autre chose (indefinite Pronomen)

Vervollständige mit dem passenden indefiniten Pronomen.

quelque chose – aucun ne – les uns/les autres – n'importe quoi – certains (2x) – personne ne – plusieurs – quelques-uns – chacun – personne ne – aucun

1 Fais attention! Tu fais ________________!

2 ____________ a droit à une glace.

3 As-tu encore __________________ à faire?

4 ________________ a compris le film.

5 J'ai invité tous mes copains mais ____________________________ peut venir le jeudi soir. Par contre, _____________ pourraient venir le vendredi.

6 __________________ des fruits que j'ai achetés étaient trop mûrs; _____________ étaient même carrément *(einfach)* pourris.

7 La classe n'est jamais d'accord pour une excursion: ____________ veulent faire une promenade en forêt, _______________ veulent aller dans un musée.

8 Je cherche un sac à main mais je n'en trouve __________ qui me plaît.

9 «Tu as trouvé un jean qui te va?» «Oui, j'en ai même essayé ______________.»

1 n'importe quoi
2 Chacun
3 quelque chose
4 Personne n'
5 aucun ne (personne ne) / certains
6 Quelques-uns / certains
7 les uns / les autres
8 aucun
9 plusieurs

189 Crise de personnalité
(indefinite Pronomen)

Agathe a une crise d'identité. Son amie Élodie pourrait peut-être l'aider. Vervollständige das Telefongespräch mit indefiniten Pronomen.

tous (3x) – autre chose – rien (2x) – personne – n'importe quoi – aucun – quelqu'un – l'autre – certains – quelques-uns – l'un

Agathe: Personne ne m'aime!

Élodie: Tu exagères! Tu dis ________________[1]! Dans la classe, il y a pas mal de garçons qui sont amoureux de toi. ___________[2] t'ont déjà invitée à leur boum.

Agathe: Tu parles! _________[3] des imbéciles *(Blödmänner)!* __________[4] ne me plaît! ________[5] a des boutons *(Pickel)* plein la figure, on dirait les cratères de la lune. __________[6] ne pense qu'à son ordinateur. Sans blague *(ohne Scherz)*, tu savais que Léo m'avait envoyé une lettre d'amour sur disquette! C'est poétique!

Élodie: On ne peut pas être _________[7] parfaits comme mademoiselle! Et puis, tu es trop exigeante *(anspruchsvoll)*. Il y en a _________________[8] de sympas. Mais toi, tu recherches les superlatifs. Tu veux ______________[9] de beau, de friqué *(mit Moos)*, d'intelligent.

Agathe: Tu n'as _________[10] compris à ce que je t'ai dit. Du reste *(übrigens)* ______________[11] ne me comprend! _________[12] ne m'intéresse!

Élodie: Tu n'aurais pas ________________[13] à dire pour changer un peu! On en a _________[14] ras le bol *(die Nase voll)* de tes plaintes *(Klagen)!*

1 n'importe quoi
2 Certains
3 Tous
4 Aucun
5 L'un
6 L'autre
7 tous
8 quelques-uns
9 quelqu'un
10 rien
11 personne
12 Rien
13 autre chose
14 tous

Das Datum von heute __________

190 Korrigiere!
(indefinite Pronomen)

Korrigiere die folgenden Sätze.

1 Chaque est venu à ma boum. ______________________________

2 On a rien acheté ______________________________

3 C'est quelqu'un sympathique. ______________________________

4 Personne a appelé. ______________________________

5 Tu as des timbres à me prêter? ______________________________

Oui, j'ai plusieurs. ______________________________

6 Tu peux me passer les cassettes ______________________________

du film «La Diva» et «Le Grand Bleu»? ______________________________

Non, je n'ai pas les musiques de ces ______________________________

films-là, mais j'en ai des autres. ______________________________

7 Ses romans sont tout traduits en anglais. ______________________________

8 Tes copains sont là? ______________________________

Oui, quelques sont déjà arrivés. ______________________________

1 Chacun est venu ...
2 On n'a rien ...
3 ... quelqu'un de sympathique.
4 Personne n'a appelé.
5 ... j'en ai plusieurs.
6 ... j'en ai d'autres.
7 ... tous traduits ...
8 ... quelques-uns ...

Das Datum von heute __________

191 Wortgruppen ersetzen
(Demonstrativpronomen)

Ersetze die unterstrichene Wortgruppe durch ein Demonstrativpronomen.

1 Prends le pull de Jean. ____________________

2 Essaie la robe de Monique. ____________________

3 Il m'a alors raconté cette histoire: … ____________________

4 J'ai vu Christian et Bernard. Bernard veut passer une année dans une école allemande et Christian veut se spécialiser en informatique.

____

5 Ces cassettes-là durent plus longtemps. ____________________

6 Qui sont ces deux hommes? Ce sont les hommes qui viennent pour réparer le garage. ____________________

7 Qu'est-ce que tu prends comme jeu? Ce jeu-ci ou ce jeu-là? Décide-toi!

____

8 C'est pour cette raison qu'elle ne veut pas venir.

____

9 Les pommes d'hier étaient meilleures.

____

10 Prends le chemin de droite et moi, je prendrai le chemin de gauche.

____

Die Pronomen

3/4

1 Prends celui de
2 Essaie celle de
3 Il m'a raconté ceci.
4 Celui-ci veut passer et celui-là veut se spécialiser
5 Celles-là durent
6 Ce sont ceux qui viennent
7 Celui-ci ou celui-là?
8 C'est pour cela (ça) qu'elle
9 Celles d'hier étaient
10 Prends celui-là et moi celui-ci.

Das Datum von heute __________

192 C'est le mien
(Possessivpronomen)

Ersetze die unterstrichene Wortgruppe durch ein Possessivpronomen.

1 Ce livre est à moi. — C'est le mien.

2 C'est ma cassette. — C'est __________

3 Ce sont vos livres. __________

4 C'est ton prof? __________

5 Il envoie toujours une carte à ses amis. __________

6 Nous avons encore des contacts avec nos correspondants. __________

7 Il ne s'intéresse pas à ses affaires. __________

8 Nous nous occuperons de vos problèmes. __________

9 Ce parapluie, c'est celui de Michel? __________

10 Ces pulls sont à eux? __________

11 Les balles de tennis sur la table sont à nous? __________

2 C'est la mienne.
3 Ce sont les vôtres.
4 C'est le tien?
5 une carte aux siens
6 Avec les nôtres
7 aux siennes
8 des vôtres
9 c'est le sien
10 sont les leurs
11 sont les nôtres

Das Datum von heute __________

193 Le style, c'est l'homme.
(Possessivpronomen)

Es empfiehlt sich, wenn es möglich ist, ein Pronomen zu benutzen, statt eine schon erwähnte Nominalgruppe zu wiederholen. Du machst es auch im Deutschen nicht anders. Die folgenden Sätze sind auf Grund ihrer Konstruktion oder der Wiederholungen unrichtig oder stilistisch unschön. Korrigiere sie und gib an, ob sie sprachlich nicht korrekt (Gr) oder stilistisch schwerfällig (St) sind.

1 Si tu n'as pas tes clés, prends mes clés.

__________ ____

2 J'ai retrouvé mon livre, mais pas le sien de Jean.

__________ ____

3 Voici nos cassettes et voilà les votres.

__________ ____

4 C'est ton avis *(m, Meinung)* mais ce n'est pas mon mien.

__________ ____

5 Cette disquette, c'est de moi.

__________ ____

6 Voilà sa chambre et voilà leur chambre.

__________ ____

1 St besser: prends les miennes
2 Gr: pas le sien (oder: celui de Jean)
3 Gr: les vôtres
4 Gr: le mien
5 Gr: c'est la mienne
6 St besser: la leur

Das Datum von heute __________

194 Nominalgruppen ersetzen
(Pronomen)

Ersetze die unterstrichene Nominalgruppe durch das entsprechende Pronomen.

1 C'est ma place. __________

2 Ces chaussures-là sont trop élégantes. __________

3 Ce sont les affaires de sport de Delphine. __________

4 Tu as acheté des timbres?

Non, je n'ai pas acheté un seul timbre. __________

5 Les personnes qui sont venues à ma boum étaient toutes très sympathiques.

____

6 Chaque correspondant doit pouvoir s'orienter seul en ville. __________

7 Certains élèves s'intègrent vite dans les familles d'accueil, mais d'autres élèves restent timides *(schüchtern)*. __________

8 Les chaussures d'Alexis sont les chaussures qui traînent sur le banc.

____

9 Je m'occupe de mes affaires et tu t'occupes de tes affaires.

____

1 la mienne
2 Celles-là
3 les siennes
4 je n'en ai pas acheté un seul
5 Celles
6 Chacun
7 Certains ... d'autres
8 celles
9 des tiennes

Das Datum von heute __________

195 Qui fait le bonheur?
(Vergleich bei Mengen)

C'est la voiture qui fait le bonheur?
Formuliere Sätze mit Hilfe der folgenden Angaben:

+/–	Komparativ
=	Gleichheit
++/– –	Superlativ (Benutze beim Superlativ immer die Hervorhebung: c'est ... qui / ce sont ... qui ...)

1 L'Italie/construire/voitures/la France/–

2 L'Allemagne/construire/voitures/la France/+

3 Les Français/acheter/voitures étrangères/les Allemands/–

4 Les Allemands/conduire/voitures japonaises/les Français/+

5 D'ailleurs *(übrigens)* les Américains/acheter/voitures/++

6 Ils ont/embouteillages *(Verkehrsstau)*/les Européens/=

7 En Chine/il y a/voitures/– –

1 L'Italie construit moins de voitures que la France.
2 L'Allemagne construit plus de voitures que la France.
3 Les Français achètent moins de voitures étrangères que les Allemands.
4 Les Allemands conduisent plus de voitures japonaises que les Français.
5 D'ailleurs, ce sont les Américains qui achètent le plus de voitures.
6 Ils ont autant d'embouteillages que les Européens.
7 C'est en Chine qu'il y a le moins de voitures.

196 Les vacanciers et les Bretons
(Vergleich bei Zahlen)

Vervollständige mit dem Vergleich. Achtung! In manchen Sätzen musst du auch noch das Verb hinzufügen.

1 – «La Marine» est un petit hôtel?

– Mais non, il a ____________________ chambres. (200 +)

2 – Il est loin de la gare?

– Non, pas du tout, il ____. (3 km –)

3 – Vous avez déjà vendu beaucoup de cartes postales?

– Non, j'en ai vendu ____.

Les gens n'écrivent plus. (30 –)

4 – On peut se baigner aujourd'hui?

– Attention, c'est dangereux, les vagues (Wellen) font ____________________. (2 m +)

5 – Et si on allait dans ce petit restaurant?

– Écoute, le menu le moins cher ____________________________________. (25 € +)

6 – Est-ce qu'on trouve un parking à la plage?

– Pourquoi? La plage ____. (200 m –)

Vous pouvez y aller sans voiture.

7 – Tu as déjà fait beaucoup de photos?

– Bien sûr, j'en ai déjà fait ____________________________________ photos. (150 +)

1 plus de 200
2 est à moins de 3 km
3 moins de 30
4 font plus de 2 m
5 est à plus de 25 €
6 est à moins de 200 m
7 plus de 150

Das Datum von heute ___________

197 Les garçons et leurs rêves
(autant que/aussi … que)

Setze die richtige Vergleichsformel ein und benutze dazu die Angaben am Rande des Textes.

1 Tu as vu les nouveaux modèles de moto, ils ont ______________________________ les voitures de course. — chevaux

2 Mais non, tu rigoles *(du machst Witze)*; elles sont certainement très rapides, mais pas ________________________ la plupart des voitures de course. — rapide

3 Je te le jure! Avec ces motos on peut rouler ____________________ _______________ Alain Prost. — vite

4 De toute façon, ce n'est pas _____________________________ dans une voiture de course. — confortable

5 Mais si! Avec des vêtements en cuir on a ____________________ _______________ dans une limousine. — confort *m*

6 Mmh, et on ______________________ pour une voiture de luxe … — payer

1 autant de chevaux que
2 aussi rapides que
3 aussi vite qu',
4 aussi confortable que
5 autant de confort que
6 paie autant que

198 Les filles et leurs rêves
(autant que/aussi … que)

1 Tu sais, j'ai vu des jeans chez MicMac; ils sont ____________ ______ chez Lafayette. — chic

2 Ce n'est pas possible. Chez MicMac, ils n'ont certainement pas ____________________________ dans les grands magasins. — couleurs

3 J'aimerais bien avoir ______________________________ _______________ Gaëlle. — boucles d'oreilles *f* *(Ohrringe)*

4 Si tu avais un petit boulot, tu pourrais en ______________ ________________ elle. — acheter

1 aussi chic que
2 autant de couleurs que
3 autant de boucles d'oreilles que
4 acheter autant qu'elle

Das Datum von heute ___________

199 Les jeunes Européens
(Komparativsatz)

Jan (Rotterdam), Angela (Brighton), Gisela (Essen), Jean-Luc (Lyon), Miguel (Madrid), Anna (Krakau) und Istvan (Budapest) diskutieren miteinander. Jean-Luc versteht noch nicht genug Deutsch. Anna übersetzt für ihn.

1 Jan: Die Deutschen haben weniger Arbeitslose als die Franzosen.

Anna: ______________________________

____

2 Gisela: Aber trotzdem haben wir mehr Probleme als die anderen Europäer.

Anna: ______________________________

____

3 Miguel: Das ist nicht wahr. Wir sind viel ärmer als die Deutschen. Wir haben zum Beispiel weniger Industrie als Polen.

Anna: ______________________________

____

____

4 Angela: Aber warum seid ihr so pessimistisch? Wir alle *(Nous tous, nous ...)* haben viel mehr Chancen als unsere Großeltern. Die Ungarn und die Polen können jetzt genauso viel reisen wie die Franzosen und die Holländer.

Anna: ______________________________

____

____

5 Istvan: Aber nur, wenn sie genauso reich sind wie die Franzosen und die Holländer.

Anna: ______________________________

____

1 Les Allemands ont moins de chômeurs que les Français.
2 Mais quand même, nous avons plus de problèmes que les autres Européens.
3 Ce n'est pas vrai. Nous sommes beaucoup plus pauvres que les Allemands. Par exemple, nous avons moins d'industrie que la Pologne.
4 Mais pourquoi est-ce que vous êtes (êtes-vous) si pessimistes? Nous tous, nous avons beaucoup plus de chances que nos grands-parents. Les Hongrois et les Polonais peuvent maintenant autant voyager (voyager autant) que les Français et les Hollandais.
5 Mais seulement, s'ils sont aussi riches que les Français et les Hollandais.